難病の子のために親ができること

園生活・学校生活・成人後を考える

Japan居場所作りプロジェクト
発起人・代表
大澤裕子

青春出版社

はじめに　病気をかかえたわが子のために知っておきたいこと

本書は、長期の治療が必要なお子さんと、育児中の家族の思いや葛藤に寄り添う本にしたい、と思いながら書きました。

わが家の高校生の長女は重度の先天性心疾患があり、たくさんの手術をしました。娘の成長を見守ってきたなかで感じた不安は、病気のことだけではありませんでした。むしろ日常生活では、コミュニケーションのこと、発達のこと、不登校など、多くの方が感じることと同じような子育ての悩みがありました。

子どもの成長は待ったなしで、新たな不安が出てくるものですね。今この瞬間だけではなく、未来を見据えて、安心できる情報が得られる本があったらいいなと思い続けていました。

うちの子の場合、どうしたらいいのかな？　と悩むお母さんお父さんの応援や解決のヒントになれれば嬉しいです。

妊娠中や出産直後にお子さんの病気がわかり、たいへん心配な方もいることでしょう。自分のせいではないのか、なぜ健康に産んであげられなかったのか、そう自分を責めた方もいるのではないでしょうか。

たくさんの親御さんと出会いました。涙を流しながらお子さんへの思いを伝えてくれました。ご自身を責め続けている方が少なくありません。そんな親御さんの顔を見るたびに、子どもに病気があっても安心して子育てできる社会にしたいと思うのです。

初めまして、大澤裕子です。〝誰も一人ぼっちにならないあたたかい社会をつくろう〟をスローガンに掲げた非営利団体、Ｊａｐａｎ居場所作りプロジェクト発起人・代表をしています。

地域に居場所がないと感じたことをきっかけに、ないなら自分で作ろうと親子が集う広場を開設。行政や、ＮＰＯなどとの協働を経て、立ち上げた団体です。全国でこども食堂や、不登校支援、発達障害のある子どもと保護者の支援など、支援者のネットワーク作りをしています。

そして、２人の娘の母親です。

長女は、心臓病の子どものなかでも0・5％から2％と言われる珍しい心臓病で、入退院を繰り返してきました。次女は元気いっぱいの年子で、2学年差です。2人の娘と夫と、心配はありながらも穏やかな日々を送っています。

娘の体調に寄り添いながら仕事ができるように、学生時代に学んだ福祉の知識や、周りの方の支援をお守りに生活をしてきました。個人事業で仕事をしたのち、会社を設立し、ほとんど在宅で仕事をしています。

長女は、命の危険を感じることが何度もあり、不登校も経験しました。きょうだい児と呼ばれる病児の姉妹、次女との育児で悩んだ時期もありました。ですが、幸せな時間もたくさんあるなかで子育てをしてきました。

きっとあなたも大変なことがあったと思います。今まさにその瞬間という方もいることでしょう。

もしかしたら、この本を読み進める途中で、経験と重なってさまざまな思いが湧いてくる方もいるかもしれません。表現は不要に不安にならないように心がけています。いたらないところもあるかと思いますが、心に寄り添いたいと願って書いています。

ぜひこの本を、学校の先生など教育関係者の方、地域で子育て支援をされている方、医師・看護師など医療関係者の方、スクールカウンセラーや心理職の方、福祉の専門職の方にも読んでいただきたいと思っています。

本書は、すべての子どもたちは大切な存在だという前提のもとに書いています。

受け入れられ、命を輝かすことができるインクルーシブな（さまざまな背景を持つ人が排除されず、違いを認め合いながら共生できる）社会が実現することを願っています。

目次

第1章
赤ちゃんが病気とわかったら
妊娠から出産まで、お母さんの居場所作り

第2章

闘病中でも、子どもが子どもらしく過ごすために

闘病中の居場所作り

第3章 園生活、学校選び、先生と…どう向き合っていく？

入学前の居場所作り

第4章

親も子も安心できる、勉強環境の整え方

小学校での居場所作り

第5章

子どもが自分らしくいられる、ホッとできるつながりとは

学校以外での居場所作り

第6章

「学校に行きたくない」に、親がしてあげられること

不登校になった場合の居場所作り

第7章 高校生活から成人後をどうサポートしていくか

社会に出た後の居場所作り

本文デザイン・図表・P47イラスト……岡崎理恵
DTP……キャップス

第1章

赤ちゃんが病気とわかったら

妊娠から出産まで、お母さんの居場所作り

赤ちゃんが病気だと知ったら、最初にすること

妊娠中に検診や出生前診断（妊娠中に赤ちゃんに病気や異常がないかを調べるもの）で赤ちゃんの病気がわかることや、出産直後に症状が出て病気がわかることもあるでしょう。もっと大きくなってから発症する子もいますが、この章では、妊娠中や出産直後のケースについてふれます。

どちらの場合でも、その事実に動転して当然です。気持ちの整理がつかないのも自然なことです。

はじめの一歩は、医師からの説明を聞いて病状を知ることからです。どんな病気なのかを知り、治療方法の選択ができるよう知識を持つことから始めましょう。

長女は、超音波検査で、病気が見つかりました。妊婦検診で医師から詳しい検査ができる大学病院を勧められ、受診したのです。胎児心エコーの検査（お母さんのお腹にエコー

をあてて、赤ちゃんの心臓を診断する専門性の高い検査）をし、その日のうちに説明がありました。

私の場合は、ほかの妊婦さんより妊婦検診の数が増えました。週に一度、大学病院に通い、経過観察をしました。

出産については、赤ちゃんの状態によって、早めに出産となるケースや、誘発分娩（陣痛促進剤や器具による人工破膜で陣痛を促す）、経膣分娩、帝王切開など、さまざまです。心配なことは遠慮せずに医師に質問し、心を軽くしましょう。

生まれた赤ちゃんは、体や環境に急激な変化があります。へその緒を切り、呼吸をすると体に変化があるようなのです。「お腹のなかで安定していても、いざ生まれてみたときに異常がないか、注意深く確認します」と説明がありました。

私のときは、予定日が近づいてきた娘の心臓に水が溜まってきたとのことで、誘発分娩をしたものの、お産が進まず帝王切開に切りかえられ、小児科医が手術室に待機していてくれました。その後、ＮＩＣＵ（新生児集中治療室）で状態を観察しました。

そのまま緊急手術になる子もいますが、病院では予測したうえで対応し、出産という流れを組んでいくはずです。

わが子の病状についてよく知っているのは主治医なので、主治医とのコミュニケーションをとっていくことが大切です。他の選択肢を探りたい場合や決断に迷うときには、セカンドオピニオンを受けましょう。

今はネットで情報を集められます。しかし、同じ病名でも経過が同じとは限りません。ネットに頼りすぎるのは危険です。

主たる病名が同じお子さんと入院のタイミングが一緒になったことがあったのですが、娘の経過とまるで違いました。同じ病名でも、重い心臓病の場合、付随する病名がさらに5、6個ついていることがあります。血管の位置、穴の大きさ、肺の状態などにより、必要な処置が変わってくるようです。

ママは産後、ホルモンのバランスも崩れますし、赤ちゃんを思い、自分を責めてしまうこともあるでしょう。

故意に赤ちゃんを病気にしようとする親はいないと思います。どんなに気をつけていても、確率的に起きるそうです。健康に生まれても、病気になったり、障がいを持ったりすることがあります。

命の時間がどうなるか、私たちにはわからないことですが、**もしコントロールできることがあるとしたら、それは、その都度、何が子どもにとって最善なのか「選択すること」なのではないかと思います。**

パートナーと話し合うべきこと

通院のときはパートナーと一緒に行くと安心です。後で冷静にパートナーに説明するのは難しいと思いますので、二人で医師から直接聞いておくことをお勧めします。現実として受け止めるには時間がかかるものだと思います。これから先のために、医師の話を元に考えを共有できます。

一人で聞く方もいるでしょう。あなた自身が心配事を軽くするために、医師との時間を有意義に使いましょう。聞きたいことを事前にリストアップするのもお勧めです。

協力者がまわりにいないと感じた際は、各相談機関や行政、病院の相談窓口に相談するのも一つの手です。

たとえば、行政であれば、母子保健課、子育て支援課、家庭支援課という名称の課に相談してみると、自分の住んでいる地域で受けられるサービスを案内してくれます。「〇〇市　子育て支援」などで検索すると情報が出てきます。

行政関係は、子育て支援センターや、保健センターもあります。行政関係以外でも、NPO、任意団体、企業が行っている子育て支援はさまざまあります。匿名での相談ができるところもあり、無料で相談できることが多いです。

パートナーがいる方は、赤ちゃんを育むという意識をともに持ちたいものです。「ともに」がポイントです。私は、手術の承諾書にサインをするとき、ことの重大さを改めて感じました。

どちらのせいでもないし、どちらかだけが背負うものでもない。二人の大切な赤ちゃんに関わることなので、二人で決めていこうと改めて確認しておけるといいと思います。

一人で決断する方は、納得感があるかないかが重要です。自分が理解し、よく考えてつくりくるところまで医師と話してください。

わが家は夫の仕事の都合で、私が一人で説明を受けることがしばしばありました。医師の話を私から夫に説明し、こんなやりとりをしました。

「ママ（私）が聞いたのだからママの方がわかっていると思う。ママがいいと思うなら、おれはそれがいいと思う」

夫は信じてくれたのだと思いますが、

「いやいや、こんな重大なことを、私が一人で決めるの？　こんなに丁寧に全部説明したのに……一緒に考えてよ」

と言わずとも……心のなかで夫を責めていました。

治療法の決断は、だいぶ悩みました。夫も考えていたのに、何も考えていないと勝手に思い、怒っていました。夫もかなり悩んでいたと思います。

そのときの私にアドバイスをするなら、「ゆっくりと穏やかに、お互いどんな気持ちでいるのか、何が心配なのか話し合ってね。一緒に決めたいと伝えて、夫の考えがまとまるまで待ってね。性格が違うからわかりにくいけど、夫もちゃんと考えているんだよ」と伝えたいです。

葛藤は、きっと赤ちゃんを大切に思い、愛しているからこそ。お互いに赤ちゃんの幸せを考えているのです。

両親・義両親に伝えるときの心の準備

お子さんを授かり、親族や友達から祝福の言葉があった方も、ショックな言葉をかけられた方も、いろいろな事情があるなかで本書を読んでいると思います。

赤ちゃんの病気がわかるきっかけは、出生前診断だったという方や、妊婦検診での超音波検査だったという方、詳しい検査に案内されてわかったという方など、それぞれ。あなた自身が赤ちゃんの病気を知ったときのように、親族も驚くと思います。その反応に傷つくこともあるでしょう。ドラマのように〝うちの家系ではそんなことはなかった〟というような心無いことを言う方もいるかもしれません。

両親や義両親からかけられる言葉の影響は、特に大きいものです。私の場合、妊娠中や産後は普段の自分よりも感情の振れ幅が大きかったです。言葉一つでイライラもしましたし、悲しくもなりました。赤ちゃんのことが気がかりですから余計です。

だからこそ、身近な人からの言葉の影響がより大きい時期。

私が打ち明けたとき、母は動揺したようで、とても心配され、義母からは夫と前向きに歩んでいることを称える言葉が届きました。それぞれの母らしい愛のメッセージなのだと思います。

病気のことは特にデリケートなので、ダイレクトに言葉に反応する時期だと認識しておくことが、助けになるかもしれません。

親族へ話す理由の一つは、赤ちゃんとあなたにとっての応援団を増やすことではないでしょうか。

反応が怖いと感じている方は、伝えるにあたって心配していること、今の気持ちを伝えていくことで、傷つくことは減るのではないかと思います。

親族との関係はそれぞれいろいろありますよね。両親とは仲良しでも、きょうだいとは……という方もいるでしょう。

事前にあまりよくない反応が予測される場合は、伝える時期を考えたり、理解して手助けしてくれる姉妹などにサポートを依頼するのも一つの方法です。

両親は心配で、本人も意図しないようなことを言ってしまうこともあるかもしれません。落ち着いて受け止める時間が必要だと理解することが、傷つかないポイントです。

子どもの病気を会社や友人に伝える?

会社の人や友人に伝えるか、迷うところだと思います。診断されてすぐに言う必要はありません。むしろ、心を落ち着かせることが第一です。伝えるのは自分の心のタイミングです。

妊娠を知ればおめでたいことと、声をかけてくれることが多いでしょう。どうしても心配のある妊娠生活なので、それに戸惑うかもしれません。「気にかけてくれてありがとう」「おかげさまで○カ月よ」と差し障りのない答えをしてもかまわないのです。

会社に対しては、入院や付き添いなどの見通しを医師に確認した後に、上司に相談してみるといいのではないでしょうか。休みの関係もありますので、いずれは同僚に伝えて応援してもらえると心強いです。

休みが多くなると、会社にいづらく感じるものですが、会社の制度をうまく活用しましょう。**あなたを応援してくれる方を探しておけると安心できると思います。**

同僚からいろいろ聞かれてしんどいときもあるでしょう。上司にこのことも相談しておくといいかもしれません。「家族の一大事なので、詮索されるようなことや、噂されることが余計につらい。話せるようになるまでそっとしてほしいのですが、どうしたらいいと思いますか？」と、逆に相談してみるというのも一つの手です。

入院中に話をするようになったママと、仕事の話をしたことがありました。その方は、金融機関に勤めていました。付き添い入院のため、有給休暇を使ってなんとかやってきたけれども、次の入院も予定していて、また長期休暇が欲しいとは言いにくいと打ち明けられました。

同じような悩みをもつママは、仕事を辞めた方が多かったようです。辞めてしまえば、復職したくても、前と同じ条件では働けないのではないかという不安をかかえています。

ママの積み重ねてきたキャリアもあると思います。納得いくように、関係する方と調整していきましょう。残念なことですが、なかなか折り合いがつかないこともあるかもしれません。短時間のパート、在宅での仕事、起業や業務委託という働き方も検討材料になります。本意ではなくても、選択肢の一つとして考えておくと、道がひらけることがあります。

思い描いていた出産方法と違っても

妊娠中に病気がわかったときは、設備の整った病院で出産することになるでしょう。理想とするバースプラン（ヨガや瞑想を取り入れた方法で産みたい、自然な陣痛を待ちたいなど、自分らしく出産するための計画）を思い描いていた方も多いと思います。赤ちゃんの病気がわかり、複雑な心境で急にさまざまな選択をせねばならず、ご心労もあることでしょう。

赤ちゃんの命を優先した出産に変更することは賢明な判断です。**何かあってもすぐに対**

います。

応できる万全の体制を作ることが、出産時にできる赤ちゃんへの愛情表現だと私は信じています。

私の場合は、心臓病の長女の出産のときに、赤ちゃんに負担をかけないよう、帝王切開をするか、できるだけお腹のなかで大きく育てて、タイミングを見て誘発分娩をするかで出産することになりました。そのあたりの詳しい経過は、この後のコラムで紹介していますので、ぜひお読みください。

経膣分娩か帝王切開かを気にされるママが多いと、妊娠出産情報をあつかうＷＥＢページを見て感じたことがありました。

お腹が大きくなってから通院中のバスや電車のなかで、ご年配の女性から声を掛けられることが多くなりました。

「自然分娩？　自然分娩のほうがいいのよ！　絶対、自然分娩よ！」

大先輩のママとしての悪気のないアドバイスだったのでしょう。作り笑顔でやり過ごすしかありませんでした。すでに誘発分娩も帝王切開も覚悟していましたので、複雑な心境になりました。

よく言われることですが、どんな出産であってもママは命をかけて赤ちゃんを育み、出産します。それだけで尊いことです。

横一文字にお腹を切った痕を見ると〝おぉ、頑張ったな〟と思います。


次女は予定帝王切開で出産しました。長女が帝王切開だったことから、子宮破裂のリスクを回避するために、38週で予定帝王切開で出産したほうがいいと、産婦人科医より早めに言われていました。それもふまえたうえで、長女と一緒にいられるところという条件で探した近所の産婦人科クリニックでお世話になったのです。


次女は、生まれてすぐ新生児過呼吸（肺に過剰に肺液が残って呼吸困難になっている状態）で、医師から「赤ちゃん、ちょっと息苦しそうで、お姉ちゃんのこと（長女の心臓病）もあるから、救急車で大きな病院に搬送します」とのことでした。家に帰ってもらった夫を慌てて呼び戻して、救急車に同乗してもらったのを憶えています。

私が産婦人科クリニックから退院する前日に次女は病院から戻ってきてくれて、一緒にクリニックを退院できました。

産後の体を休めながらやれること

出産後、赤ちゃんの治療のために、ママの方が先に退院することもあると思います。私もそうでした。

ママのお腹のなかで、病気や障がいがあるとわかっているときは、出産後にＮＩＣＵで様子をみたり、場合によっては手術したりするかもしれません。

事前に考えられる治療を見通して計画し、出産します。準備を整えて医師や看護師が見守ってくれます。

心配でたまらないときですが、体を休めましょう。先は長いですもの。

ＮＩＣＵは、１日１～２回の面会が短時間のみ。ガウンを着て感染予防対策を行い、入室します。手に触れたり、お乳をあげたり、抱っこしたり、子どもの病状によって、可能なスキンシップが変わるため、指示があります。

赤ちゃんの体に点滴や医療機器のコードがつながれていることもあるでしょう。はじめて見るときは、ショックかもしれません。その姿に不安になることもありますが、命を守る手助けをしてくれています。順調にいくと、少しずつ減って身軽になります。

身内にサポートを頼むのが難しい方が最近は多いかもしれません。**産後ヘルパーさんや、家事をお願いできる民間のサービス、行政で行っている産後ケア事業、NPOの情報も探してみるといいでしょう。**

NPOを探すときは、相談、訪問支援、産後ケア、通院サポートなど、自分が求めている支援をイメージします。

ネットで「〇〇市　子育て相談」「〇〇市　子育て訪問支援」などで検索してみましょう。それぞれNPOなどの支援団体にはホームページがありますので、これまでの活動実績や利用の流れを確認してください。

産後の体を休めながら子どもと面会するとき、**病院が自宅から遠い場合など、患児（病気の子ども）と家族のための宿泊支援施設を検討してみてください。**

宿泊支援施設は病院の敷地内や近隣にあり、小児科の入院中の患者と家族が利用できます。この後詳しくお伝えします。

すべての病院ではありませんが、同じような滞在施設がある場合があります。病院のホームページを確認してみてください。入院中に一緒になった方たちのなかには、マンスリーマンションなどを利用しているご家族もいました。

母乳育児をしようという方は、搾乳をして持っていくことができます。看護師さんが解凍して飲ませてくれます。搾乳をしてＮＩＣＵへ持っていくための方法は病院の方針もあると思いますので、指示を仰いでください。

病室で快適に過ごすために

ＰＩＣＵなどの集中治療室では面会のみで、付き添うことができません。産後で体がつらいときは、面会も無理をせずに。心身を整えることが乗り切る秘訣です。

集中治療室から小児病棟に移動すると付き添い入院ができる病院があります。付き添うには許可が必要となりますので、希望する際は看護師に相談して申請しましょう。

付き添いできない場合は、入院中のサポートについてなど、看護師と話し合いをしていきます。

私は付き添い中、病室では他の家族もいるので、なるべく赤ちゃんを泣かせたくないなと思いました。同室の患児が大きい子だと気を遣うことがありました。

無理をする必要はないのですが、同室の方と挨拶をしたり、話せそうなら話を楽しんだり、お互いの病院での過ごし方の調子をつかんでおくと、心がやわらいでストレスは軽減します。

長い入院は特に大部屋で同室の方がいると気も遣います。

私は人に気を遣いすぎるところがあり、病室内のトイレ付きシャワー室（病院によって設備は異なる）を使うのも遠慮してしまったことがありました。

「同室の方と使うタイミングが重なってしまったらどうしよう……」

「シャワー中に赤ちゃんが泣いてしまったら迷惑じゃないか……」

そんなことを心配してシャワーを浴びることができずに過ごしていたら、汗のにおいがプンプンする自分に我慢ができなくなり、看護師さんに相談したことがありました。

困ったことがあれば、早めに看護師さんに相談するのをお勧めします。

同室の家族への配慮はどこまで必要か

以前、娘と同じ手術を目標としている子の家族と病室が同じになったことがありました。同じ境遇の方とコミュニケーションがとれることは有意義だと思い、お互いの経過や今後について会話しました。すると……。

「〇〇ちゃん（長女）は、それで済んでよかったよね」

この言葉が胸に突き刺さりました。もしかしたら、同部屋のママを傷つけてしまったのではないかと思いました。

同じ心臓病で、同じ手術を目指していても、その具体的な状況は一人ひとり違います。目標の手術を受けるために事前に手術を受けることがあり、その子の細かい病状によって、その手術がいつ受けられるのか、何度目の事前の手術で目標の手術に到達できるのか、そもそも目標の手術に到達することが可能なのかどうかも変わってきます。

親は医師から説明を受けていますし、自分でも勉強している方が多いので、それぞれの状況についてある程度は理解できます。

自分にとっては自分の子のことが一番ですから、他の子と比べることで、

「あなたのところはいいじゃないか」

「うちはこんなにひどい状況なんだ」

という心境になり、さまざまな感情が生まれることがあります。

気持ちよく空間をともにするために〝みんな一大事〟と思っていると言葉の受け止め方が変わってきます。

これから手術に臨む家庭、長いあいだ入院治療している家庭、退院までカウントダウンを迎えている家庭では、心境が違うことは理解しておきましょう。

同室で過ごしていると、どんな状況なのか時折会話が聞こえてきてしまうものです。どんなに仲が良くなったとしても、相手の状況を察することは必要です。同室のママも大変な状況のはずなので、すべてをさらけ出して話しすぎるのは禁物。場合によっては傷つけ

てしまったり、ぎくしゃくしたりすることもあります。

お子さんの病状や家族関係などを知ることもありますが、言葉がけなど、お互い気持ちよく過ごすための配慮は忘れてはいけません。

意外とある入院生活を支えてくれる団体・施設

入院中に助けになるのが、付き添う家族のための滞在支援施設です。すべての病院にあるわけではありませんが、お子さんの病院や、その近隣にあるか、ぜひ調べてみてください。私は滞在支援施設を利用して、とても助けられました。


遠方から手術のために入院している患児に付き添うために滞在したり、闘病中の息抜きに家には帰れないけれど、家族で過ごすために利用したり、産後に体を休めながら、面会のために利用したり、それぞれの状況で利用されています。

他にも子どもの入院に付き添う家族のための滞在支援施設はＮＰＯや医療機関、企業などが運営しているものがあります。

宿泊のサポート以外にも、入院生活に役立つグッズを配布してくれるような支援もあります。ＮＰＯ、行政機関、民間のサポート団体、当事者団体が運営しています。

助けてほしいと声をあげること自体、ハードルがありますよね。不安がつのるときだからこそ、小児科病棟や役所に置いてある支援団体の案内、ネット検索などで、いざというときのお守り代わりに、探してみてはいかがでしょうか。

心が弱っているときは、いつもならさらっと流せる話に胸を痛めることがあります。子どもの病気のことを打ち明けた相手から、健康食品のネットワークビジネスや宗教などに勧誘された方も多いかもしれません。私も声をかけられたことがあります。

私が聞いた話のなかには、体内のサビや添加物のせいで病気の子どもが増えているから、妊娠する前に体質改善をするべきだというような話がありました。母親の体や食事のせいだとありありと感じるようなエピソードや、研究結果があるという人がいましたが、私は疑問を感じています。

たとえ、正しいデータがあるとしても、心に土足で入り込むことはしてはいけないことです。親切にしてもらえた方からの誘いは断りにくいものですが、聞きたくないと思うことは断っていいのです。

深呼吸して、「興味はないです」と伝えて問題ないですよ。関係を大切にしてくれる方は、あなたがNOと言っても、その意思を尊重してくれるはずです。

コラム

私の場合 赤ちゃんの病気判明から出産までの道のり

長女の病気がわかったのは、妊娠7～8カ月の頃でした。私が小児喘息だったので、念のために大きな病院で出産したほうがいいと言われ、地域の中核病院で出産することになりました。

6カ月目の検診から、先生がエコーで検査するときに、ずいぶんと心臓をよく診るなと思っていました。

7カ月目、病院の産婦人科の担当医師から、

「見えるはずの大事な血管が見えないので、別の先生にも診てもらいましょう」

とのことで、部長先生がエコー検査をしてくれました。

「たまたま見えないだけだと思うけどな」

「念のために大学病院の超音波外来で診てもらいましょう。大丈夫と確認できたら戻ってきてください。心配ないように確認してきましょう」

と言われたのを憶えています。

それから数日後、最短で予約を入れてくれた大学病院の超音波外来で胎児心エコー検査を実施。10名を超える医師に囲まれながら検査をし、その場の話から、重大な心臓の病気があるのだと知りました。

検査までの間に覚悟をしていたので、「ドラマのようだね」と夫と話しました。

まるでテレビドラマのワンシーンのようでした。

医師が検査している最中も、告知されるときも、現実は淡々と過ぎていきました。検査までの間に、妊娠中に見つかる心臓病の情報はネットで調べていました。

生まれたら手術が必要なことは、その時期に覚悟していたのです。

「なるようになるし、どうであっても協力して子育てしていこう」

「病気がわかれば乗り越え方がわかるから、手術を乗り越えよう」

と励まし合いました。

胎内で順調に育っていましたが、30週を過ぎたころ、心臓に水が溜まってきました。管理出産で万全の体制で臨めるようにして陣痛を促進。人工破膜を行ったものの、お産が進まず。

そのため、帝王切開に変更しました。

　ハイリスク陣痛室という部屋で3日間過ごしました。毎晩、陣痛中のママの声が聞こえてきても、私は子宮口もなかなか開かず、陣痛がこないまま時間だけが過ぎていきました。破水させても微弱陣痛のみ。拭いたときにつく羊水の色が緑っぽくなってきました。

　そろそろ赤ちゃんにも影響してしまうからと緊急帝王切開の話をしていた矢先、ヘリコプターで重症の母子が来るので1日ずらすことに。万が一のときもしっかり対応したいという病院の意向があったため、その母子を待ってから帝王切開をしました。

　ようやく見られたわが子の顔。胸が熱くなって涙が溢れました。

「生まれてくれてありがとう」

　赤ちゃんは手術室で小児科の医師の診察を受け、そのままNICUに。私は、数日の入院を経て退院。その後、夫に車で送迎してもらい、母乳をもって面会に行きました。

　最初は、話しかけ、触れる程度だったのが、抱っこができるようになりました。安定してくると沐浴の練習をさせてくれました。

　退院の際には、看護師からかわいいカードのプレゼント。退院時の身長、体重やメッセージが添えられていて、温かさを感じました。

家に帰ってこられたときは、嬉しくてたまりませんでした。ようやく家で過ごせる！そんな喜びもつかの間、帰ってきてからは、よく泣く娘に手を焼きました。苦しくなっちゃうから泣かせないようにと医師から言われていました。そう言われても、1日中おんぶに抱っこ。体もつらいし、睡眠不足。どんなに気を配っても泣く娘に私も泣きたくなった日もありました。

今思うと、娘は苦しかったのかもしれません。

永遠に感じた日々でしたが、子どもは成長していきます。

GCU（NICUで治療後、状態が安定した赤ちゃんがケアを受けるところ）の看護師がプレゼントしてくれたカード。

第2章

闘病中でも、子どもが子どもらしく過ごすために

闘病中の居場所作り

入院中の子どもにしてあげられること

わが子の入院となると緊張する方も多いと思います。私も子どもの手術のこと、治療のことが、心配でたまらなかったことを思い出します。

ここでは入院中のことをイメージしていきましょう。

具体的に入院中にできるサポートとして、私のケースをもとに書き出してみました。ただでさえ慣れない環境での治療は心細いものですが、不安を軽減できるよう、少しでも参考になればと思っています。

1 子どもの安心につながるもの

お気に入りのおもちゃ、タオルなどを持ち込むと、お子さんは安心します。感染症予防でNGの場合もあるかもしれませんので、入院の案内を必ず確認します。

普段からのお気に入りが1個でもそばにあることで心が落ち着きやすいです。

2 いつも使っているお気に入りのスプーンなど

食事で使っているスプーンやフォーク、お箸などを持参するといいです（病院の決まりに準じてください）。病院によっては、持参するように案内されます。

いつもと違う環境や食事に、食欲があまり湧いてこないことがあり、日常を感じるものでスムーズに食事がとれるように促すためです。

離乳食を経て、どんどん大人の食事に近づいてくると、好みもはっきりしてきます。病院食（ミルク、学童食、成人と同じ食事に成長によって変化していく）ではあまり食が進まないことがあると心配になってしまいますよね。

あまりに口に合わない場合、主食のご飯をおかゆに変えたり、パンに変えてもらうなど、看護師や医師に相談してみましょう。

食べないからと、売店で買ってきたものを自己判断で食べさせるのはNGです。食事療法も大切な治療の一環なので、必ず医師に確認しましょう。

③ 子どもの楽しみになるもの

入院前から、お子さんの興味について分析！　気晴らしできたり夢中になれたりするものがあれば持参しましょう。

水分摂取量の制限や行動制限がある場合は、赤ちゃんでも大きくなってからでも、見ていてつらいものがあります。大人でも制限は大変です。

私は、気が紛れるように抱っこしたり、工作をしてみたり、手遊び歌で遊んだり、楽しいことを一緒にして過ごせると、気持ちがだいぶ楽になりました。

お弁当を買いに行くときなど、「ちょっと待っててね」と言うことが多いと思います。子どもにとってその言葉はちょっと寂しい響きかもしれません。

たとえば言い方を変えてみて「この塗り絵をしていてね」「どれをやってみたい？」などと言ってみると、待つ時間ではなく、熱中する時間になります。

私は、シャワーや洗濯という必要なことでも、子どもから離れている瞬間があると、泣いて寂しそうにする娘に罪悪感を抱いていました。**お互いにハッピーになれる工夫をして、気持ちを楽にしたいものです。**

入院中の子どもの心を支えるグッズを用意しよう

病棟に保育士がいる病院だと、保育の時間として工作などをして過ごせるところがあります。食堂などに集まって行います。

子どもたちが楽しめるだけでなく、大人も顔見知りができます。話ができる人が病室以外にできる機会でもあります。保育士ともコミュニケーションをとれるといいですね。

小学生以上の子どもで長期入院が必要な場合、院内学級（病院内にある入院中の子どもを対象にした学校）への通学も検討します。

離れ離れのきょうだい児、どうしたら？

小児病棟は、感染症予防の観点から12歳以下は入れない決まりになっています（病院で異なる）。最近は、コロナ禍を機に、両親のみという決まりになったところも多いかもしれません。長女の最近の入院時には、両親のうち1名のみ、2名一緒での面会は、1時間までということになっていました。

次女が会いに来ても、直接会うことはできずエレベーターホールで待っていなければならないため、ドア越しのその姿はせつないものです。

おうちで頑張るきょうだい児は、朝起きたとき、帰ってきたとき、ご飯を食べるとき、嬉しいことがあったとき、悲しいことがあったとき、一緒にいられないせつない瞬間は、どうしてもあります。

今は、ＬＩＮＥで顔を見ながら話ができるようになりました。体温が感じられない分、寂しさはゼロにはならないものではありますが、離れて暮らすお子さんのことを大切に思っている気持ちは伝わると思います。

心配ですが、心配しすぎるより、普段通り過ごせるように、安心させてあげたいですね。

子どもアドボカシーという言葉があります。**子どもの年齢や発達に合わせて、意見を表明できるようにサポートし、子どもが意見を言いやすい関係性を作ったり、環境を作ったり、はたまた意見を言わせることを強要しないことが、大人の姿勢として求められる**のだそうです。

入院前はなかなか気持ちの余裕がない時期かもしれません。病気の重圧もあるなかです。どんな気持ちを抱いているのか、きょうだい児と安心できるようにおしゃべりし合えるといいなと思います。お子さんがあなたに伝えたいことを話せると、気持ちが軽くなるでしょう。

どの年齢であっても一緒にいられる期間に、それぞれのお子さんとともに、楽しい時間をぜひ作ってください。離れている時期を支えてくれる原動力になります。ついつい、対応が患児中心になりがちです。

病気の子のいるきょうだいは、我慢する傾向にあるようです。家族の様子を見ているのですね。ゆっくり話を聞く、一緒に出掛けるなど、普段できるかぎり、きょうだい児と接する時間を作っておきたいものです。きょうだい児も、親もそのときの思い出があることで心が支えられます。

きょうだい児が、字が読めるくらい大きくなったら、病気の子が入院しているときに、家のなかに手紙を書いておくのはいかがでしょうか？

卒業式など、一大イベントは優先する、手料理を冷凍しておくなど、ママ、パパの温もりがあると嬉しいのではないかと思います。

「緊急一時保育」を知っていますか？

きょうだい児が小さい場合、仕事を続けるとき、病院に行くときに、預け先という壁があります。園の延長保育などを利用したり、ファミリーサポート事業を検討したりしてみましょう。近隣の研修を受けたサポーターの方に比較的安価に依頼できます。用途に合いそうな他のサポートもいくつか検討して、組み合わせてみるといいかもしれません。

付き添いと仕事を自分だけで両立する場合、行政などの相談窓口にあたってみてください。子育て支援団体などにもサポートや情報提供を求めてみましょう。

園や近所のママ友が、この時期を応援してくれることもあります。心が許せる方がいたら、事情を話してみてはいかがでしょうか。

これまで園に通っていなかった方で、緊急で預かり先が必要な場合は、緊急一時保育という制度があります。わが家も利用したことがありました。

家族の入院の看護、付き添いや出産など、緊急の理由で一時的に保育できないときに預かってもらう制度です。条件としては、同居の親族などが、お子さんを見られない場合です。利用できる期間に制限があることが多いです。ある都内の区で調べてみたら、入院している期間中の、最長1カ月でした。

市町村の窓口（子育て支援課などという名称で市町村で異なる）に電話して利用したい旨を伝え、手続きを教えてもらうか、ネットで必要情報を集めて、窓口に行きます。

母子手帳、入院の場合は診断書など病名や入院期間のわかる書類が必要になると思います。手続きすると、受け入れ可能な園を調べ、なるべく早い時期に利用開始できるようにしてくれます。

短い期間で途中入園だと、なかなか馴染めない子どももいますが、保育のプロが見てくれます。寂しさや心配はありますが、このときの最善の選択であると思います。

こうしてあげられたら……と思いはじめたらきりがないです。預けるのがかわいそうだと認識するとつらいですよね。栄養のあるごはん、人のぬくもり、お散歩に遊びがあり、見守ってくれる人がいます。わが家もみんなで乗り越えようと協力し合っていると考えました。

受け入れてくれる園の探し方

難病の子どもを受け入れている園の情報は少ないかもしれませんが、受け入れてもらえる園が見つかるように、チェックポイントを書き出してみました。

病気の状態や、医療的ケア（吸引、酸素管理、胃ろうなど）を園で対応する場合、看護師が常駐しているかどうか、受け入れに対して園が前向きなのか、車いすや医療機器を使用する場合、スムーズに移動できるか、トイレなどの設備が利用しやすい設計になっているかなどを確認するといいでしょう。

その子によって必要性は変わりますが、配慮が必要な場面（食事、排せつ、移動、遊び、昼寝）での個別対応が可能か、どのような考えを持っているか、聞いておけると安心できます。

特に大切なのが、病気や障がいへの理解、受け入れに前向きであることです。見学に行ったり、電話で問い合わせてみたりすると、どのような姿勢なのかわかります。

正当な理由がなければ入園を拒むことはできません。子ども・子育て支援法に基づき、市町村が確認する幼稚園、認可保育所、認可子ども園などで、受け入れが難しい場合は、対応できる園を紹介するなどの適切な措置が必要です。

病気や障がいがあると、受け入れてもらえる先があるのか、と心配になりますが、応諾義務があることを知っておくと安心です。園の体制で、看護師が不在のため医療的ケアができない場合などは、受け入れ不可の可能性もありますので、ここは冷静に対応しましょう。

健康な子どもの場合もですが、緊急時の対応や、救急搬送が必要な場合などの手順を職員が把握していることは重要なので、入園が決まった後も、しっかりすり合わせをしましょう。

園の種類を検討するときの参考にピックアップしてみました。

日常的に預ける予定で、仕事など家庭で保育できない理由がある場合は、保育園を選択できます。

- **小規模保育施設**、**保育ママ**は、定員が少なく家庭的な保育を行うものです。
- **認可保育園**は、国が決めた基準を満たし、知事に認可を受けた園。公立、私立がありま す。申し込みや保育料の徴収は、市町村になります。0歳児保育をしていない場合があります。
- **認可外保育園**は、国の設置基準を満たしていないのですが、保育時間が長く、保育方針などが、認可園にくらべると自由に運営できます。保育料は、各園で設定しているため異なります。

東京都には**認証保育所**があります。A型と言われる駅前基本型と、B型の小規模・家庭的保育があります。0歳児保育が必ず実施され、申し込みや保育料の徴収は、認証保育所と直接行います。開所時間は認可より長く、13時間以上の開所が義務となります。

認定こども園は、いくつか種類があります。

保育が必要な子どもはもちろん、幼稚園と保育園の両方の機能を併せ持つもので、保護者の就労にかかわらず利用できます。最近は、幼稚園が廃止となり、こども園に統合されることが多いようです。

利用するためには、認定を受けます。1号、2号、3号認定があり、それぞれ窓口が変わってきます。

1号認定　子どもの年齢満3歳以上、保育が必要な理由（保護者の就労、妊娠、出産、疾病、障がいなど）に該当しない。教育標準時間（4時間程度）の通園。認定こども園に申し込む。

2号認定　子どもの年齢満3歳以上、保育が必要な理由に該当する。保育標準時間（11時間以内）、保育短時間（8時間以内）で通園。市町村に申し込む。

3号認定　子どもの年齢が0歳~満3歳未満、保育が必要な理由に該当する。保育標準時間（11時間以内）や保育短時間（8時間以内）で通園。市町村に申し込む。

一時預かりは、保育認定なしでも利用可能で、理由を問わないで預かる事業です。レスパイト（ケアをしている人が休息できるようにサポートする支援）としても利用を

保育施設の種類と特徴

保育施設の種類	特徴
認可保育園	国の基準を満たし、公立・私立がある。申し込みは市町村。
認可外保育園	基準を満たさないが自由な運営。保育時間が長い。
小規模保育施設	定員が少なく、家庭的な保育を行う。
認証保育所	東京都独自の制度。0歳児保育必須、開所時間長め。
認定こども園	幼稚園+保育園の機能を持ち、誰でも利用可能。

保育園利用のための認定一覧

認定区分	対象年齢	利用条件	利用時間	申請窓口
1号認定	満3歳以上	保育の必要がない	教育標準時間（4時間程度）	認定こども園に直接申し込む
2号認定	満3歳以上	保育が必要	保育標準時間（11時間以内）、保育短時間（8時間以内）	市町村に直接申し込む
3号認定	0歳～満3歳未満	保育が必要	保育標準時間（11時間以内）、保育短時間（8時間以内）	市町村に直接申し込む

検討する際は、家族に相談してみましょう。

ファミリーサポート事業の活用も選択肢の一つです。一時保育などが有償ボランティアを利用できます。

情報は、お住まいの市町村の保育幼稚園課認定・入園係などの課で案内を受け取り、保育を利用したい場合は保育認定を受けなければなりません。申込用紙は市町村のホームページからダウンロード、もしくは、役所や、市町村の認可保育園、幼稚園、認定こども園で受け取ることができます。

保育園は厚生労働省、幼稚園は文部科学省の管轄、こども園はこども家庭庁が管轄になります。そのため、対応窓口が異なります。

わが家は、公立の保育園と幼稚園を検討し、どちらも就園前の面談を受けました。結果、幼稚園は加配（集団生活をするうえで困りごとがある子どもを支援できるよう通常の職員数に加えて先生を配置すること）の先生が付き、保育園の場合は付かないという判断になりました。仕事時間を確保したいと、納得して保育園を選択しました。

もう一つ触れておきたいのが、療育についてです。

- 乳幼児健診などで障がいや発達の遅れの可能性があると言われた
- ママ自身が気になって保健センターで療育相談を受けた
- 園で指摘があった

このような場合に、専門の医療機関や療育を行っている施設に通うことがあります。療育を利用する際には、市町村の福祉担当窓口（市町村により担当課の名称が異なる）で、障害児通所給付費支給の申請を行います。障害児施設利用料の原則9割を国が負担する制度です。

就学前の障がいがある子どもについては、無償化されます。児童発達支援、医療型児童発達支援、放課後等デイサービス、委託訪問型児童発達支援、保育所等訪問支援が対象です。

障がいの種類と程度と、要件を満たすかを確認し、内容が決定されます。受給者証を得られたら、利用する施設で詳しい療育プランの策定が行われ、利用開始となります。

保育園、幼稚園の年齢の子どもたちの療育は、児童発達支援センターや、児童発達支援事業所と言われるところで、6歳までが対象です。保育園、幼稚園を併用することができます。

就学後は、放課後等デイサービスで療育が行われます。日常生活に必要な能力を身につけられるよう、社会性やコミュニケーション能力などに関する自立支援を行っていきます。

園の先生との付き合い方

私の場合は、長女の入園が決まった後、保育園で面談をしました。そのとき、なるべく心配をかけないよう和やかでいるつもりでしたが、保育士たちの顔がこわばっていて、不安な様子がうかがえました。特に命に関わるような病気の場合は、心配されることはあると思います。

保育士は保育や教育のプロであっても、病気のことは難しいことですし、歩み寄って協力する必要があります。

「こうするべき」を求めすぎるとつらくなることがあります。対話をしながら、お子さんにとって安心な環境を作りましょう。

長女が入園してすぐ、私が迎えに行ったとき、こんなやりとりがありました。

「○○ちゃん（長女）がごはんを食べません。食べないと預かれませんよ」

と、保育士から険しい顔で、声をかけられました。

「それは、ご飯を食べさせに来てほしいということですか？」

「それなら、保育園に預ける必要がないですよね」

私はとても心配だったこともあり、これまでも気になっていたため、保育士のこの一言の真意がわからずに傷つきました。家に帰って号泣しましたが、このままではしんどいままだと思い、話し合いました。

すると、わかったことがありました。保育士も不安なのです。

懸命に保育にあたってくれていても、ご飯をあまり食べない、泣いていることも多い娘に手を焼いていたのだと思います。

話し合いを持ってから、信頼関係ができてきました。保育士が向き合ってくださったおかげなのですが、歩み寄りの大切さを感じました。

大切なことですが、難しいと感じているのが〝対話〟です。**対話は、一方の要求を押し付けるものではなく、相互に話し合うものです。**

アサーティブなコミュニケーション（お互いを尊重しながら意見を交わすコミュニケーションのこと）を意識したいと思っています。相手の意見を聞きながら自分の意見も伝えます。私はそれを心がけるだけでも、自分の考えを話してもいいのだ、意見が違ってもいいのだと思えて、会話のストレスが減りました。

ママ友との付き合い方

入園するとさまざまなママとお会いします。お迎えの時間が重なる方とあいさつがきっかけでママ友になることも。

保護者の会がある園は減ってきているようですが、父母会の役割を担うなかで話ができる人が増えて友達になることがありました。

いわゆる定型発達の子どもたちのママと話が合うか心配になるかもしれません。けれども子を持つ親同士、共通の会話がありますし、共に過ごす日々の積み重ねは、絆になっていきます。

子どもの病気のことをどう話そうかと悩んだとき、この人になら話したいなと思う人であれば、伝えてみてもいいと思います。

健常児のママとは状況が違うからわからないでしょ、という姿勢で接すると、溝ができます。それぞれの家庭で、いろいろな悩みごとはあるものです。

いつなんどき、何があるかもわからないものですよね。

「実はうちの子ね……」

と、打ち明けてくれることもしばしばありました。

お互いを尊重する気持ちがあるかどうかが、関係性のベースとして大切だと思います。

授業など学校生活に影響がある場合、病気や障がいのことを、クラスの子に話すか、保護者会で伝えるかを検討することもあるかもしれません。

これに正解はなく、話すことでお互いの理解につなげ、安心できる環境を作りたい、と私は考えました。体育などで見学することでクラスメイトの憶測を呼ぶくらいなら、先に言っておきたいということもあります。

娘の場合は、先生と相談して、簡単にわかりやすく伝えてもらいました。

年齢によっても伝え方は違ってくると思います。

「どうしてマラソンはできないの？」「その傷は何？」など、悪気がない質問でも、ドキッとすることもありました。

その子によると思いますが、聞かれることを負担に感じることもあると思います。デリケートなことなので、パートナーや担当医、担任の先生と相談して、ケアできるように大人が準備をしておきたいですね。

医療助成について知ろう

付きまとう課題の一つが、お金のこと。特に医療費が気になるところです。病気や障がいがあると、保険に入りにくいこともあり、医療費がどれだけかかるかと心配になることもあります。**子どもは、国や市町村の医療費助成でだいぶまかなうことができますので活用しましょう。**

大学時代に福祉を学んでいたのですが、そのときに講義で「申請主義」という言葉を聞きました。なぜ日本が申請主義を採用しているのかよく理解できなかったことと、それは大変だなと漠然と思ったのを憶えています。

申請主義とは、行政サービスを利用するために、本人や家族から利用の申請をすることです。申請しなければ、使うことができないわけです。

申請するためには、申請するべきものを知っていないと必要書類や受付窓口がわかりま

せん。役所で聞いてみるのも手ですが、積極的な情報収集をして準備しましょう。

行政でもネットで情報を出していますが、どんなものが該当するかまとめてみました。

子ども医療費助成

中学3年生や高校3年生まで（市町村によって異なる）子どもが医療機関や薬局で健康保険証を使い診察を受けたときに、保険診療の自己負担分を市町村が負担する制度。子どもと同居していて、国民健康保険や社会保険の健康保険に加入している保護者が対象。文書料、差額ベッド代、入院時の食事代などは対象外。市町村によっては、入院時の食事代は助成になる場合があります。

小児慢性特定疾病のための医療費助成制度

子どもの慢性疾患のうち、国が定めた疾患を持つ子どもの医療費の自己負担分を補助する制度。18歳未満で、小児慢性特定疾病を持つ子が対象です。1カ月の自己負担額の上限が設けられるので、それ以上の支払いはなくなります。上限は親の所得状況によって変わります。入院中の食事療養費の2分の1の助成が受けられます。

自立支援育成医療

体に障がいのある児童もしくは、そのままにしていると将来的に障がいを残すと思われる児童に対しての手術等の治療の医療費の一部を公費負担する制度。視覚障害、聴覚・平衡機能障害、音声・言語・そしゃく機能障害、肢体不自由、心臓、腎臓、呼吸器、ぼうこう、直腸、小腸、肝臓の機能、先天性の内臓機能障害、免疫機能障害によるものが対象。

ひとり親家庭等医療費の助成

ひとり親家庭などに対して、医療保険の自己負担分を助成。ひとり親家庭の母か父、両親のいない子どもを養育している養育者などが対象。

限度額適用認定証

入院や手術で医療機関への支払いが高額になるときに、加入している保険組合に依頼し限度額適用認定証の交付を受けて病院に提示することで、支払い金額が自己負担限度額までになる制度。

高額医療費

ひと月の支払いが一定の金額を超えた場合、医療費が払い戻される制度。子ども医療費は高額医療費を除いた額が助成額になります。

窓口での支払いを減らしたい場合は、限度額適用認定証を前もって依頼しておくことをお勧めします。

長女の場合、かかりつけ病院が県外のため、市町村の医療費助成が使えず、突然の入院時にあまりに高額でびっくりしましたが、制度のおかげで窓口負担が減り助かりました。必要となる書類を揃えるために、ネットで調べて準備し、特に時間のかかる医師の診断書は前もって依頼しておきたいものです。

子どもが子ども時代を楽しめるために

幼少期に手術が必要な子の場合は、目標にしている手術に到達できるか、病状が落ち着くかどうかが一番気になるところでしょう。

それと同時に、子どもに少しでも毎日を楽しく過ごさせてあげたい、同世代の子と遊ばせてあげたいという願いを持たれると思います。

病児の長女は、手術をして体調が安定した後に、保育園に年中から入園しました。馴染めるか不安もありましたが、共通の遊びのなかで友達と関わる年齢だったので、友達ができるかどうかはあまり心配いらなかったかなと振り返ってみて思いました。

いつも行ける居場所となると、保育園、幼稚園や通えるところをイメージしますが、範囲を広げてみると、公民館などで開催している習い事、当事者の会の集まり、病院が一緒だったママ友ファミリーとのお付き合いなど、意外といろいろあります。

わが家では子どもの興味がありそうな習い事に行ってみました。個人の先生に事情を話すと、意外と受け入れてくれたのです。リトミックなどを通して、同世代の子と一緒に過ごすことができました。

なんでもできることはやってあげたいのが親心ですが、子どもが子どもらしくいられる環境を作らねばと思いすぎると息苦しくなってしまいます。大人も楽しんでいられることも同じように大切だと思うのです。あなた自身も行くことを楽しみにできるところを探せることを願います。

地域の支援団体を調べる方法

子どもたちや支える家族を支援する団体があります。地域の子育て団体として活動する任意団体や、NPOが行うものです。活動は多岐にわたり、LINE相談、電話相談を受け付けているところもあれば、こども食堂、同世代の親子で集まって遊ぶNPOなど。研修を受けた先輩ママが一緒に時間を過ごしてくれるような支援団体もあります。

地域で活動している支援団体を探してみましょう。私が以前つながったNPOは、次女の出産の産婦人科クリニックに置いてあったパンフレットがきっかけでした。**病院や行政の施設で資料を探したり、ネットで「〇〇市　子育て支援」などと検索してみたりするといろいろと出てきます。**

見比べてみると、活動方針や内容も異なりますので、あなたのニーズに合うものかどうか確認してくださいね。

もし必要とするサポートが見つからない場合は、民間企業の提供するサービスを検討してみてもいいかもしれません。受けてくれるかは相手次第なところもありますが、有料で、ベビーシッターをお願いするのも一つです。保育付きの美容院やエステもあるので利用してみてはいかがでしょうか。

病院から地域に帰ってきたときが孤立しやすいタイミングです。

私自身も最初は帰ってきた安堵感があったのですが、すぐに不安の気持ちが大きくなりました。入院中は医師や看護師さんに頼れましたが、家に帰ってくると、そうもいきません。不安なときは遠慮せず、頼りましょう！

退院後、病院から地域の保健師に伝達があることがあります。地域の保健師が、あなたのところに電話をくれ、訪問してくれることもあります（ケースによって異なる）。

在宅で医療的ケアが必要な子の場合は、入院中に、在宅での生活を見据えた退院計画を立ててもらいます。入院先のメディカルソーシャルワーカーや医療的ケア児等コーディネーター、保健所、障害福祉担当課、相談支援専門員が相談先となります。訪問看護、訪問リハビリなど、必要に応じて利用しましょう。

コラム

子どもの病気と向き合うために親ができること

わが子が、病気と診断されたら気が動転しても無理はありません。頑張って乗り越えようとする方が多いと思います。あなたの心を守ることは優先事項です。

お子さんの病状が落ち着くまでは、つながり先も作る余裕がないと思います。そんなときは、知っている人より知らない人のほうが、本音が言えたり、専門家に話を聞いてもらうことで安心できたりするときもあります。

身近にお話を聞いてくれる人がいるとしたら、それは素晴らしいことです。ありがとうと伝えたいですね。特に身内とは、感謝の気持ちを伝え合うことはおざなりになりがち。娘との闘病生活から、当たり前のことは何もないのだと学びました。お互いを大切にするために、家族であっても尊重し合いたいですね。

そして、安心できる知識や情報を得ましょう。誰かの情報があなたにとって正しいとは限りません。あなたにとって信用できるものか、必要なものか見極めてください。

慢性疾患の場合は、成長に伴ってお薬が変わったり、検査入院があったりするかと思います。娘の病院は大学病院のため、数年で担当医が変わりました。その都度、リスタートですが、信頼関係が作れるようにオープンハートに努めました。

医師はお子さんの病気を治したいと治療にあたってくれる強力な仲間！　心配に思っていることは、話をして担当医と円滑なコミュニケーションをとれるといいですね。

闘病生活はそれぞれです。長丁場になる家庭もあるでしょう。その間、他の家族も元気に、それぞれの人生も大切に歩めるような体制を組むことを考えていきたいものです。

支えてくれている側だった両親も年を重ね、ダブルケア（子育てと、親などの介護を同時に行うこと）が始まる方もいます。福祉サービスを活用しながら、頑張りすぎない体制作りをしましょう。

第3章

園生活、学校選び、先生と…どう向き合っていく？

入学前の居場所作り

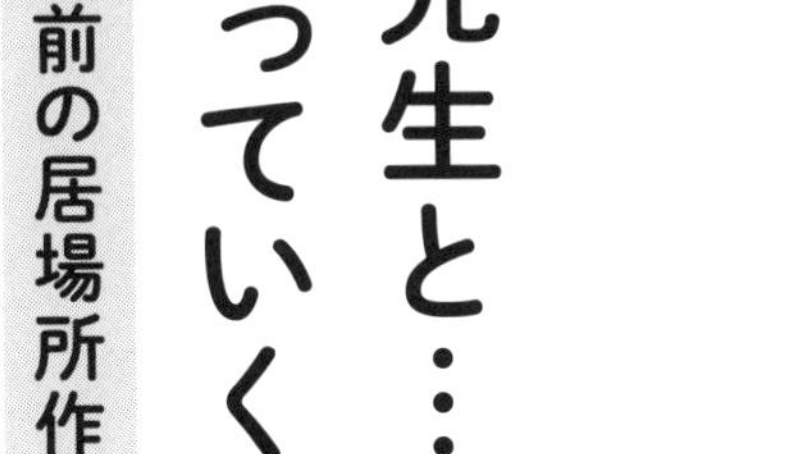

園での友達関係をどう見守る？

園での生活が始まると気になるのは、友達ができるかな？　園の生活を楽しめているかな？　ですね。できれば笑顔で過ごしてほしいものです。

これまで入院などで同世代の子と遊べなかった子の場合、どのようにコミュニケーションをとっていいのかと、戸惑いがあるかもしれません。**子どもにとって、友達と一緒に過ごすことは、大きな意味がある**と感じています。

体調や病状により、参加できない活動があるかもしれませんが、そのことを気に病まないよう、「○○ちゃんは、疲れちゃったから、お休みが必要なんだよ。一緒に遊びたいから少し休んでからにしようか？」などと、本人にも友達にも理解を促す声掛けをしてもらえるよう、先生と話し合いを持っておきたいですね。

長女は年中の年に保育園に入園しましたが、最初はなかなか馴染むことができず、お迎えに行くと泣いていることもあって、ハラハラしていました。

園で行っていた異年齢保育。大丈夫か心配でしたが、ある日、保育参観があり、見に行くと、年長の子が娘と同じ班でお世話をしてくれていました。水遊びをしていると、寒くなってしまい、チアノーゼ（血液中の酸素不足の状態）が出た娘にタオルをかけてくれたのです。言われてしたのではなく、自ら考えてくれた様子に、なんと優しい子どもなのだろうかと、感激したのを憶えています。

子どもたちは自然に関わってくれるので、大人ほどの壁はないように感じました。

地域の学校か、特別支援学級か、特別支援学校か

地域の学校に通うか、特別支援学級に籍を置くか、特別支援学校を選ぶか。子どもにとって、どんな環境がいいのかを考え、悩む家庭がほとんどだと思います。家庭によって選択はさまざま。

教育的支援が必要な子どもの就学先で、どこを選ぶか相談したい場合は、市町村の教育センターで行っている「就学相談」に申し込みをします。

通っている園の先生の意見、学校や療育機関の意見などと、本人と保護者の希望を考慮

して最終的に就学先を判断していきます。

必ずしも就学相談を受ける必要はないですが、通級指導教室、特別支援学級、特別支援学校を希望する場合は受ける流れになります。

相談後、通級や特別支援学級、特別支援学校を勧められることもあります。これまでの育児や子どものことを否定されたような気持ちになってしまうこともあるかもしれませんが、そういうことではありませんよ。就学相談をした結果、就学支援委員会が出す進路判定と希望が違う場合は、相談・協議を続けます。

特別支援学級では、知的障害クラスと、自閉症・情緒障害クラスに分かれています。それぞれに判定基準があります。

通級指導は、大半は通常の学級で学び、一部の授業については、子どもの学習上、生活上の困難を主体的に改善・克服、健康状態の回復・改善や体力の向上、心理的な課題への対応などのための自立活動の指導を行うことです。

学校のなかに通級教室があるところと、地域の別の学校にある通級まで通うところがあります。学校内にあるかどうかはホームページや、学校への問い合わせ、就学相談などで確認できます。

病気や障がいのある子どもの学校選択については、保護者の間でも意見が分かれます。地域の学校で子どもたちとまじわりながら育ってほしいというのが一番の願いの家庭もあれば、子どもに合う教育を手厚くして、できることを増やしたいという思いの家庭もあります。その選択は、誰かに強制されるものではありません。

今はインクルーシブ教育という考え方が日本でも進んできています。日本でも、障がいのある子もない子も、同じ場で共に学ぶことを目指すべきだという共生社会に向けた考えを持つ方が増えてきました。

インクルーシブ教育の観点から、地域の学校を選ぶのは当然の権利です。どの選択をしても葛藤はあるものだと思います。

特別支援学校を選択した家庭のなかには、地域の学校に入れるべきだ、特別支援学校に入れるなんて、という意見に傷ついている方もいます。

何が正解かではなく、よく考えて選択したことが正解だったと思えるようにしていく気

持ちでいていいと思います。違和感や、子どもにとって望ましいと思えない場合は、臆することなく環境を変えるのも一つの道です。

学校選択は、親と子どもにとってかなり重大な決断。渦中にいる方は、悩むことでしょう。子どものためにあなたが出した結論は、尊重されるべきものです。

特に小学校選択時には、年齢的にもまだお子さんの意思を確認することは難しいですが、よく家族で話し合いたいものです。選択基準をどこにおくかが大切だと私は思っています。できることを増やしたい、友達と過ごさせたいなど、**パートナーと相談しながら、専門家の方の意見を聞き、客観的に考える機会を持つ、学校に見学に行く、先輩ママの声を聞くなど、時間をかけて納得いく結論を出せること**を祈ります。

「合理的配慮」を知っていますか？

平成28年に「障害を理由とする差別の解消の推進に関する法律」、障害者差別解消法が施行となり、共生社会の実現のために「合理的配慮」が法的に義務化されました。

国、都道府県、市町村の役所、会社やお店、継続的に集まるグループも対象となります。社会でのバリアを取り除くために、何らかの対応を必要としていると意思が伝えられたときに、負担が重すぎない範囲で対応に努めることが法的に求められます。

合理的配慮をどう捉えるか、個別の事案により、意見が異なる部分もあるかと思います。**学校のなかでの合理的配慮については、担任の先生や、必要に応じて管理職の先生をまじえながら話し合いをしていく必要がある**と私は考えています。考えの相違が生まれやすいところだからです。

同じ配慮をお願いしたとして、先生によって受け止め方や反応は異なるものだと思います。そして、学校の対応が、思っていたのと違うことがあるかもしれません。

わが家の場合、宿題の量を相談したときに、すぐ半分にしようと決めてくれた先生もいれば、他の子と同じ量を頑張るようにという方針の先生もいました。

思い返してみると、病気や特性の影響が伝わりにくいときや、「できる」「できない」の境目がわかりにくい、体調によっても微妙に変わるという不確実ななかで、先生にとってはその対応に思案したことと思います。

また服薬など医療的な対応が必要なときは、先生は不安や負担を感じることでしょう。**親としてできることは、先生とコミュニケーションをとり、主体的に協力する意識でいること**だと私は考えます。

学校なのだから○○するべき、○○が問題！　と責めるような姿勢をとってしまうと、ぎくしゃくしてしまいます。子どものために協力し合っていこうという姿勢で臨みたいものです。

合理的配慮の例としては、

1. ひらがなの練習を1ページやるという宿題をするのに、何時間もかかり、生活や体調に支障がある場合、1ページを半ページ分でOKにする
2. 何らかの理由があって九九の習得ができない、時間がかかりすぎる場合に、九九の表を見ながら算数を解く

というような対応が考えられます。

こちらが求めたことが、学校側からすると他の児童生徒と不平等だからできないのか、合理的配慮の範疇なのか、意見が分かれるかもしれません。特別にという視点があると、

説明が通らないように感じる方もいるようです。**特別にするということが論点ではなく、同じように学べる環境を設定することが重要**なのだと考えます。

合理的配慮をクラスの子が見たときに、ずるいと言われるのではないか？　それを聞いた本人がショックを受けるのではないか？　親としては心配です。その言葉を受けて先生も対応に悩むこともあるでしょう。

あらかじめ心構えをしておきたいところなのですが、「ずるい」と言う子がいじわるだと捉えてしまうと前進しません。「ずるい」と言った子も、もしかしたら自分もできないことがあって困っているのかもしれないからです。

本来の目的をもう一度考えることが必要で、視点を合わせて議論したいものです。

体調などにより、調整が必要なことについては、遠慮なく相談することをお勧めします。

入学前に準備したいこと

学校を選択した後は、4月の入学に向けて準備をしていきます。

私の場合は、医療的なこと、個性、生活上の不安なことを紙に書き出してみました。私なりに書いた紙を渡しながら、面談をしました。口頭で伝えるだけよりも、折に触れて何度も確認ができて良かったようです。

- どんなことを大切にして学校生活を送ってほしいと考えているか
- 医療的なこと。緊急対応、応急処置、かかりつけ病院先。服薬について
- 体育や特別活動でのお願い。それぞれの種目ごとに、運動が可能か、見学するのかをなるべく明確に
- コミュニケーションや友達関係で伝えたいこと（何かあったときの対処法）
- 食事、水分制限などがあれば（理由も含めて）
- 親や家庭の状況で伝えたいこと

など、**すり合わせをしておきたいことを書き出しておきましょう。**

通学、授業の移動、放課後など、学校の生活をイメージして項目ごとに整理しておくとスムーズです。すべて学校にお願いするのではありませんが、自分の整理や見通しが持てることと思います。

保育園、幼稚園までは、自転車や車で送迎していた方も、小学校は歩いて登校させることもあるかもしれません。登校班がある学校は、マンションごとや地域の子どもたちと集合して向かいます。わが家の場合はそうでした。

娘は重いランドセルを背負ってみんなと同じスピードで歩くことがきつかったので、できるかぎり私が登校班に同行して行きました。

学校生活を見渡してみて、日常をどう送るか、イメージしながら共有していくことができるといいですね。

学校が始まる際に医師に確認しておくこと

小学校進学は、大きな変化です。**学校から必要に応じて渡される「学校生活指導管理表」を受け取ったら担当医に書いてもらうようにしましょう。**医師と確認しておきたいのは、運動の程度、服薬管理、授業での工夫についてです。

受診の頻度はお子さんによって異なると思います。入学前に調整しておきたいことをイメージして、医療的な部分での心配事を整理し、相談しておくといいかもしれません。なかには、お昼の服薬はなしにし、朝晩のみの服用で調整する方も。受診もなるべく長期休みにして、休まなくても受診できる場合もあります。毎月通院の場合は、どうしても学校を休んで通院することになると思います。

病状もそうですが、年齢や成長によって悩みが変化するものだなと思いました。医師は、多くの子どもと接していますので、それだけ情報を持っています。家族から寄せられる質問にも答えてきています。不安な気持ちで過ごすより、気になることは意見を聞かせてもらえると安心します。

たとえば、学校の先生への病状の説明のしかた、緊急対応についての伝え方、体育などの活動をするしないの線引きについてなど、意見を聞いておきたいところです。担当の医師が替わったとしても、病院にはカルテの情報や前の医師が残した情報があります。これまでのことを踏まえて話をすることができると思います。

1年の展望が持てるように新学期前に話ができるといいですね。医師と相談しながら、安心できる環境整備ができることを応援しています。

学校生活指導管理表を知ろう

学校での生活を適切に行えるよう、主治医に書いてもらい、学校に提出する書類が先述の「学校生活指導管理表」（次の見開きを参照）です。学校が必要と判断した場合、年度はじめに養護教諭か担任の先生から渡されます。

医療機関

年　　月　　日　　医師　　　　　　　　　　印

小学校	年　　組

②指導区分	③運動クラブ活動	④次回受診
要管理：　A・B・C・D・E	（　　　　　　　　）クラブ	（　　　）年　（　　　）カ月後
管理不要	可（ただし、　　　　　　）・禁	または異常があるとき

D…中等度の運動まで可　E…強い運動も可】

中等度の運動（D・Eは"可"）	強い運動（Eのみ"可"）
用具を操作する運動遊び（用具を持つ、降ろす、回す、転がす、くぐるなどの動きで構成される遊びなど）	体を移動する運動遊び（這う、走る、跳ぶ、はねるなどの動きで構成される遊び） 力試しの運動遊び（人を押す、引く、運ぶ、支える、力比べで構成される遊び）
用具を操作する運動（用具をつかむ、持つ、回す、降ろす、なわなどの動きで構成される遊びなど）	体を移動する運動（這う、走る、跳ぶ、はねるなどの動きで構成される運動） 力試しの運動（人を押す、引く動きや力比べをする動きで構成される運動） 基本的な動きを組み合わせる運動
巧みな動きを高めるための運動（リズムに合わせての運動、ボール・輪・棒を使った運動）	動きを持続する能力を高める運動（短なわ、長なわ跳び、持久走） 力強い動きを高める運動
ケンパー跳び遊び	全力でのかけっこ、折り返しリレー遊び 低い障害物を用いてのリレー遊び
ゆっくりとしたジョギング、軽いジャンプ動作（幅跳び・高跳び）	全力でのかけっこ、周回リレー、小型ハードル走 短い助走での幅跳び及び高跳び
	全力での短距離走、ハードル走 助走をした走り幅跳び、助走をした走り高跳び
ボールを蹴ったり止めたりして行う的当て遊びや蹴り合い 陣地を取り合うなどの簡単な鬼遊び	ゲーム（試合）形式
簡易ゲーム（場の工夫、用具の工夫、ルールの工夫を加え、基本的操作を踏まえたゲーム）	
雲梯、ろく木を使った運動遊び	連続技や組合せの技
基本的な技 マット（前転、後転、開脚前転・後転、壁倒立、補助倒立など） 跳び箱（短い助走での開脚跳び、抱え込み跳び、台上前転など） 鉄棒（補助逆上がり、転向前下り、前方支持回転、後方支持回転など）	
浮く・もぐるなどの運動遊び（壁につかまっての伏し浮き、水中でのジャンケン・にらめっこなど）	水につかってのリレー遊び、バブリング・ボビングなど
浮く動作（け伸びなど） 泳ぐ動作（連続したボビングなど）	補助具を使ったクロール、平泳ぎのストロークなど
	クロール、平泳ぎ
まねっこ遊び（飛行機、遊園地の乗り物など）	リズム遊び（弾む、回る、ねじる、スキップなど）
軽いリズムダンス、フォークダンス、日本の民謡の簡単なステップ	変化のある動きをつなげた表現（ロック、サンバなど）
	強い動きのある日本の民謡
スキー・スケートの歩行、水辺活動	スキー・スケートの滑走など
右の強い活動を除くほとんどの文化活動	体力を相当使って吹く楽器（トランペット、トロンボーン、オーボエ、バスーン、ホルンなど）、リズムのかなり速い曲の演奏や指揮、行進を伴うマーチングバンドなど

▼指導区分、"E"以外の児童の遠足、宿泊学習、修学旅行、林間学校、臨海学校などの参加について不明な場合は学校医・主治医と相談する。

▼陸上運動系・水泳系の距離（学習指導要領参照）については、学校医・主治医と相談する。

学校生活指導管理表（小学生用）

〔2020年度改訂〕

氏名	男 ・ 女	年　月　日生（　）才

①診断名（所見名）

【指導区分：A…在宅医療・入院が必要　B…登校はできるが運動は不可　C…軽い運動は可

体育活動			運動強度	軽い運動（C・D・Eは“可”）
運動領域等	＊体つくり運動	体ほぐしの運動遊び 多様な動きをつくる運動遊び	1・2年生	体のバランスをとる運動遊び （寝転ぶ、起きる、座る、立つなどの動きで構成される遊びなど）
		体ほぐしの運動 多様な動きをつくる運動	3・4年生	体のバランスをとる運動（寝転ぶ、起きる、座る、立つ、ケンケンなどの動きで構成される運動など）
		体ほぐしの運動 体力を高める運動	5・6年生	体の柔らかさを高める運動（ストレッチングを含む）、軽いウォーキング
	陸上運動系	走・跳の運動遊び	1・2年生	いろいろな歩き方、ゴム跳び遊び
		走・跳の運動	3・4年生	ウォーキング、軽い立ち幅跳び
		陸上運動	5・6年生	
	ボール運動系	ゲーム、ボールゲーム・鬼遊び（低学年） ゴール型・ネット型・ベースボール型ゲーム（中学年）	1・2年生	その場でボールを投げたり、ついたり、捕ったりしながら行う的当て遊び
			3・4年生	基本的な操作 （パス、キャッチ、キック、ドリブル、シュート、バッティングなど）
		ボール運動	5・6年生	
	器械運動系	器械・器具を使っての運動遊び	1・2年生	ジャングルジムを使った運動遊び
		器械運動 マット、跳び箱、鉄棒	3・4年生	基本的な動作 マット（前転、後転、壁倒立、ブリッジなどの部分的な動作） 跳び箱（開脚跳びなどの部分的な動作） 鉄棒（前回り下りなどの部分的な動作）
			5・6年生	
	水泳系	水遊び	1・2年生	水に慣れる遊び （水かけっこ、水につかっての電車ごっこなど）
		水泳運動	3・4年生	浮く運動（伏し浮き、背浮き、くらげ浮きなど） 泳ぐ動作（ばた足、かえる足など）
			5・6年生	
	表現運動系	表現リズム遊び	1・2年生	まねっこ遊び（鳥、昆虫、恐竜、動物など）
		表現運動	3・4年生	その場での即興表現
			5・6年生	
	雪遊び、氷上遊び、スキー、スケート、水辺活動			雪遊び、氷上遊び
文化的活動				体力の必要な長時間の活動を除く文化活動
学校行事、その他の活動				▼運動会、体育祭、球技大会、新体力テストなどは上記の運動強度に準ずる。

公益財団法人日本学校保健会のWEBサイトに掲載の表をもとに作成

ときには担任の先生が知らない場合もありますが、要望しておくと確認してくれることと思います。

内容は、**体育の全部の運動種目への取り組みを強度で分類したものです。**

診断名、指導区分（管理不要〜要管理A〜E）、運動クラブの可否、次回受診についてです。要管理のA〜Eについては以下のようになります。

A．在宅医療・入院が必要
B．登校はできるが運動は不可
C．同年齢の平均的な児童生徒にとっての軽い運動（ほとんど息のはずまない程度の運動）には参加可能
D．同年齢の平均的児童生徒にとっての中等度の運動（少し息ははずむが、息苦しくない程度の運動）も参加可能
E．同年齢の平均的児童生徒にとっての強い運動（息がはずみ息苦しさを感じるほどの運動）も参加可能

この表に基づき、先生は判断していきます。話し合いのなかで伝えたことを念頭においてくれます。**特に心配な禁忌事項など医師に確認しておきましょう。**

娘はペースメーカーを付けています。鉄棒、硬いボールが当たる可能性のある球技、長距離走はしませんでした。

担任の先生によっては、娘でもできるようなルールに変え、娘が輪のなかに入ることもありました。意思を伝えられる年齢になってからは娘と話してもらい、調整していました。

こんなときはどうしよう? という場面があるかもしれませんが、**先生方とコミュニケーションをとって子どもにとってよい形になるようにサポート**したいですね。

先生は敵じゃない

娘が保育園から小学校にあがったとき、校長先生や担任の先生をまじえて話をする機会を設けてもらいました。初めての面談、校長先生から「保育園と小学校では違いますから」という言葉の洗礼を受けた記憶が残っています。先制パンチをくらったような衝撃でした。

プールの授業についてどうするかの話し合いのときに、学校から付き添い依頼がありました。加配の先生をつけてもらえれば助かるなというのが本音でしたが、1年生のときは一緒にプールに入って付き添うことにしました。

できるかぎりのことをしようと考えていて、そのほうがお互いに安心だと思ったからです。仕事もありますし、天候や水温などで中止になるのか、行うのか、プールは不確定要素が多く、その日のスケジュールを空けておくのは少し大変でした。

授業に行ってみると、雰囲気もわかりました。安全に授業を行うために、先生方は神経をとがらせていました。安全に行うためには人手が必要です。そのために対策しているのが伝わってきました。

2年生からは加配の先生にお願いしたいと伝えました。校長先生から申請してもらう必要があります。その要請にあまり良い反応ではなく、加配の先生が見つからないとのことでした。私は諦めず、地元の議員や、支援団体を運営している方に働きかけ、お願いできる人を探しました。

見つかった際には、加配が必要な他のお子さんのサポートにも入ってもらいたいとのことでした。サポートが必要な児童は、全校生徒のなかで何人かは在籍しています。人材の確保、育成の必要性を感じました。


コロナ禍に引っ越したのですが、転校後の学校では、「管理職の先生も含め、学校内でしっかり人を確保して対応しますので、心配しなくて大丈夫です」とのことで、お任せすることに。

正直なところ、ありがたい反面、校長先生とあまりコミュニケーションがとれず、不安もありました。しかし、担任の先生がまめに連絡をとってくれたおかげで、不安も軽減しました。


校長先生の考えによって、対応が異なることがありますが、大事なのはお子さんにとって安心な環境を作ること。成長に伴って、臨機応変に変えていくために信頼関係を作り、対話をすることだと思います。

子どもを育てるうえで大事にしている方針を共有するといいでしょう。多少のリスクはあっても、同級生と同じようにチャレンジさせたいのか、体調を第一にして、無理のない範囲で学校に行くことを目標にしたいのか、家庭ごとに違いますので、考えを共有して、協力を求める姿勢が大切です。

小1の壁という言葉があります。小学校入学を機に、仕事と子育ての両立が難しくなることを指すようです。私にとっては、「保育園と小学校では違いますから」との校長先生の言葉に象徴されるものがありました。

大切な子どものことなので、**しっかり主張するときは臆することなく伝えることが大切**だというのも学びました。

親にできることは先生にも安心してもらうこと。できるだけのことはしようとする姿勢は大切です。情報提供を行い、対話をしながら良い関係を作ることは、子どものためだと考えています。

学校と協力関係を築くために

学校にはたくさんの子どもが通っています。先生の人数、対応できる時間も限られています。後回しにはできないことを確認するために、面談を希望することをお勧めします。

就学相談を経ての入学の場合は、情報共有ができていると思います。就学前検診から地域の学校にそのまま入学する場合は、他のお子さん同様、保育園、幼稚園からの情報が送られ、申し送りで確認しています。

特に初めてのお子さんのときは様子もわからないので、不安が強くなりますよね。卒業した園から伝わっているはず……と遠慮すると心配が増してしまうこともあります。確認は早めにしましょう。

就学相談など特段しない場合は、４月入学前に学校に連絡して、入学式前後にでも面談をお願いしましょう。

お子さんの状況によってはかなり前から準備して受け入れるということもあります。

小学校では、日々のことは連絡帳やアプリでのやりとりになるかと思いますが、お互いに文面だけではわからない温度差を確認するために、**一度、顔を合わせておくことがその後のためにも有効です。**

学校生活の1年の流れを確認して、特に配慮するべき点、心配事を確認します。また、先生からも疑問点を聞いてもらいましょう。**とにかく学校と協力体制を作ることです。**

わが家の場合は小学校2校、中学校1校の経験ですが、校長先生も同席して積極的に話し合う学校と、担任の先生中心で、管理職の方とは話をしない場合がありました。必要があれば、経験豊富で、権限を持つ校長先生の意見を聞き、希望を直接伝えたいというのは自然な感情だと思います。遠慮せず、要望してみてください。

なぜ面談したいのか、何をゴールとしているのかを決めると有意義になります。**まずは、担任の先生に面談をお願いしてみましょう。**担任の先生と話が通じていないと感じたり、話しにくいと感じたりする場合もあるかもしれません。

困ったな、不安だなという気持ちや状況を整理するためには、保健室の先生、カウンセラーの方に相談してみるのも手です。

学校のなかにつながり先が見つかるようにしておけると、安心できる材料になります。それでも難しい場合は、学年主任、副校長先生、校長先生に相談したいところです。

どんな先生がいるのか、入学式の後に先生紹介があると思います。まずはそのときに先生を知るチャンスになるでしょう。

話し合いを重ねても学校の対応に納得できないときは、教育委員会に相談できます。校長先生と会えないなど、話が進まない場合は、区議会議員、民生委員、主任児童委員に助けを求めるのも手です。

仕事と生活の両立のしかた

私はずっと仕事を続けてきたのですが、なるべく時間をコントロールしやすい働き方ができないか意識していました。入院が多い子のママは、仕事を辞める人が多かった印象です。子どもも成長して状況も変わりますし、納得した選択がその都度できるといいですよね。ですが、こちらの気持ちだけでは決められないのが悩ましいところです。

仕事は社会との接点としても重要ですし、自分の価値観を大切にし、何かをかたちにすることができる機会でもあります。生活のためにも仕事は必要なことです。

学校生活の相談をしていると、学校での付き添いを求められることがあるかもしれません。人員不足だったり、命に関わる病気があったり、理由はそれぞれですが、付き添いが必須となると、経済的にもお困りになる家庭も多いと思います。何が可能で何が難しいのかの状況を整理してみましょう。

インクルーシブ教育の観点からいろいろな意見があるところですが、親心としては、みんなと同じように教育を受けさせてあげたいものです。

学校で親が付き添うと友達関係への影響も気になるところ。

担任の先生とコミュニケーションをとりながら、様子をみて付き添いの頻度を減らすなど模索できるといいのかなと思います。

学年が上がってどんどん自分でできることも増えていくと、大人のサポートの頻度も減るでしょう。ずっと同じサポートではなく、成長とともに変わっていくべきものなのだと感じています。

サポートについては、学校によって少し違いがあるかもしれません。

地域の学校の通常級を選ぶか、支援級なのか通級なのかということでも変わってきます。

特別支援学校という選択肢もあり、どの学校を選択するかで、送迎の時間、付き添いなどに違いがあります。

通学時間、お迎えの時間、通学バスの到着時刻を中心に生活を組み立てていきます。学童や放課後等デイサービスを利用し、仕事の時間を確保していく方が多いと思います。

特別支援学校の送迎をしていたママは、市外に学校があり、毎日送迎ときょうだい児の育児で手いっぱいだったと話してくれたことがありました。送迎の合間に家事をしたり、学校の近くでパートを探す方もいるそうです。

わが家の場合は、近所の小学校に通っていたのですが、学校からの呼び出しに備え、なるべく自宅でできる仕事にしました。それでも仕事は相手があることなので、気を配り、工夫しながら乗りきりました。

きょうだい児がいる家庭だと送迎先も増えるので、毎日慌ただしいですね。特に一人にしておくには心配な小学校低学年のうちは、朝夕のバタバタが続くかもしれません。放課後等デイサービスは送迎付きで、家まで連れてきてくれる事業所もあります。工夫の日々ですが、組み合わせて乗り越えましょう！

いざというときの頼り先を探しておきたいですね。病児の場合は、難しいところがあるかもしれませんが、**きょうだい児サポートとして、ファミリーサポート事業を検討しましょう。**

きょうだい児の送迎など、大変な時期を乗り越える心強いサポーターになります。地域の育児支援を受けたい依頼会員と、支援したい提供会員をつなぐものです。提供会員は研修を受けた地域の方。有償のサービスですが、比較的安価です。地域の相互支援の仕組みを市町村もしくは委託先がマッチングしてくれます。

放課後の過ごし方について

仕事の時間を確保するためには、放課後の時間も数時間預かってもらえると安心だという家庭は多いはず。5時間授業だと14時30分頃、6時間授業だと15時30分頃が帰宅時間です。一般的な会社の就業時間は8、9時〜17、18時なので、数時間の間をどうするか、課題が出てきます。それを解決するのが学童、放課後等デイサービスです。

地域の学童は学校のそばにありますので、放課後は移動して過ごします。宿題をしたり、遊んだり、おやつを食べています。帰宅は、お迎えに行くか、途中まで方向が同じ子同士で帰ってくることになるかと思います。私は長女の体調面の不安があったので、毎日お迎えに行っていました。

公立のものは費用が安いですが、18時までのところが多いので、遅い時間まで就労している場合は難しいかもしれません。

民間のサービスもあり、校門前まで車で迎えに来てくれて、習い事や宿題のサポートをしてくれるところもあります。

放課後等デイサービスは、就学している障がい児の放課後に、生活能力の向上のために必要な訓練、社会との交流の促進ができるようにするものです。個々の障がいの状態、発達の状況・障がいの特性への発達支援を行うほか、家族への支援が役割となっている福祉サービスです。

学童や放課後等デイサービスは、学校と管轄が違います。利用するときは必ず申し込みが必要です。受け入れまでの間に話し合いが必要ですので、自分から働きかけておいたほうがいいでしょう。

医療的ケアが必要な場合など、学校は受け入れてくれても、学童が受け入れに難色を示すこともあるので注意が必要です。情報連携しているわけではなく、改めて説明していくことになります。

また自力での移動が難しい場合、学校から学童などへの移動のために、支援を別に頼むよう求められることがあります。合理的配慮として、学校や学童に対応をお願いするか、ファミリーサポートや福祉サービス、民間業者に、移動支援を自費で依頼する必要があります。

しかしながら、短時間のサポートに前向きに応じてくれるところを見つけるのは、お金の問題と先方の人材確保の点から、容易ではありません。学校と学童の間をどうつなげるか、今後の課題でもあるでしょう。

園や学校を安心できる居場所にするために

たくさんの子どもたちの輪のなかで大丈夫か、心配になる方も多いと思います。泣いていやがり、園に入れないということもあります。

一歩も動かずに教室に入れず、泣きじゃくった娘と、そのまま帰ったこともありました。ですが、娘は娘のタイミングで、少しずつ慣れて自分なりのペースをつかんでいきました。

子どもも初めての経験をしていきますが、親もそうなのですよね。

私たちも少しずつ違う生活に慣れていきます。子どもには先生がついていますし、友達

もできていきます。

私は保育園が一緒だったママたちとの関係性に救われました。保育園では当時父母会があり、正直荷が重いと思ったのですが、思い切って父母会長を引き受けたのです。おかげで役員の方と親しくなりました。プライベートでクリスマスやハロウィンパーティーをして、楽しい時間を過ごしました。同級生の子はたくさん娘を助けてくれて、今でも思い出すほど感謝しています。

安心できる環境作りとしては、次のようなことがあげられます。

- 担任の先生や学校側と定期的に話し合いをして、共通理解を持ち、子どものことを知ってもらう
- 友達に病気や障がいについて、適切に理解してもらう
- 場合によっては、学校のなかに安心できる場所や休める場所を作る（疲れたら保健室で休めるなど）
- 自分のペースで学校に行ける安心感を持てるように、声掛けをする
- 通信教育やオンライン学習、フリースクールの活用も視野に入れ、選択肢として知って

おく

●学校への対応の要望があれば、担任の先生、学年主任、養護の先生、特別支援教育コーディネーター、副校長先生、校長先生に相談する

●子どもの気持ちを聞き、一緒に決めて、年齢に応じて自分で決めることを促していく

すべて同時にする必要はありませんが、何かできるかなと思ったときの参考にしてもらえたらと思います。

コラム

上手に先生とのパートナーシップを築くコツ

先生とうまくいかない……わかってもらえないという話は度々聞きます。私も正直なことを言うと、そう感じたことがありました。

「先生なのだから、〇〇はわかっていてもらわないと困る。これは先生の仕事でしょう」

そんなふうに思い、親としての思いを伝えることに懸命だったことも。ですが、なかなかうまくいきませんでした。お互いの立場のあいだで、平行線。

頑張ってみたものの、1年間わかり合えなかったなと思った先生は、一人ではありませんでした。先生との関わりの見本になれるようなことはできなかったかもしれませんが、教訓は得られました。

親の理想は、先生と連携でき、先生の思いもわかり、親の思いも伝わっている実感が持てる状態だと思います。クラスのなかに子どもの居場所がある、安心の環境を作るために、先生とのパートナーシップを考えてみましょう。

学校のクラスの定員は、

- 小学校 1年生35人、2〜6年生40人
- 中学校 全学年40人
- 特別支援学級（小・中）8人

特に通常学級では、多くの児童生徒がおり、毎日の授業、授業の準備などで先生は多忙です。教師の長時間労働が社会問題となり、休職される方もいます。

さまざまな課題を抱えながら日々のお仕事をしてくれていることに感謝しています。人間同士、育ってきた環境も、着眼点も違うと思います。互いに成長が必要なところもあるでしょう。納得いかない対応だったとしても、ダメ出し前提ではなく、なぜそう考えているのか確認したいものです。

〝アンコンシャスバイアス〟という言葉を聞いたことがありますか？

無意識の偏見という意味だそうです。誰もが持っているもので、これまでの環境などによる影響での思い込みのことです。

〝先生は、こうあるべきだ〟
〝保護者はこうあるべきだ〟
〝普通はこうだ〟

どんな立場であれ、こうするべきという雰囲気は息苦しいもの。まずは、こちらから歩み寄れるといいのですが、難しいときもあります。

そんなときは、事実と感情を分けること！　と自分に言い聞かせています。

気持ちをわかってほしいということは、人間だれしも思うのが自然です。立場や価値観が違う者同士、わかり合うのが至難の業のこともありますよね。

わかってもらおうとすると、正しさの争いになりがちです。感情をぶつけたり、責めたりしても、うまく話が進みません。

先生との話し合いのゴールは、子どもの学校生活の安心安全、学ぶ権利を守ることだと私は考えています。

その都度、何をゴールに話すのかを明確にすると、建設的な話し合いができるのではないでしょうか。先生の反応に必要以上に傷つくことも少なくなると思います。

第4章

親も子も安心できる、勉強環境の整え方

小学校での居場所作り

親は子どもをどう見守ればいいか

長女は、幼いころから季節の変わり目などに体調を崩し、小学校も休みがちでした。検査入院やペースメーカーの電池交換で手術することもあり、勉強についていくのが大変なときもありました。半年ほど学校に行かずに過ごしたこともあります。

中学生になり、1年生のときは休みがちだったもののなんとか通い、2年生の春から学校に行かなくなりました。体調不良もあったり、闘病生活が長く同級生とのコミュニケーションに戸惑いもあったのかなと思います。学校生活のなかで、不安が大きくなったのでしょう。

小学校の低・中学年のときは、学校に行けない日は、手をつないで教室まで連れていくこともありました。大きくなるにつれ、行けないときは家から学校に足が向かなくなり、連れて行くという次元の話ではなくなりました。

送迎で解決できる問題ではなくなり、行動としてのサポートから、**一緒にいること、寄り添うこと、ともに悩むことが、一つの見守りのスタイル**になっていくのかなと感じていました。

そして、**学校や関係する方とのやりとりをしていくこと、家を安心できる居場所にすること**が、私のできることになったのです。

長女は中学2年生から本格的に自宅学習を選択しました。正直、行ったり行かなかったりしはじめた時期は、日中仕事もありますし、学校に行ってほしかったです。長女が行きたくないことがわかっていても、行くように働きかけました。

ちょうどそのころ、命に関わる発作が起きたことがありました。幸運なことに、一命をとりとめ、私はこう思ったのです。ついつい、もっとこうしてほしい、ああしてほしいと思うものですが、一日一日を大切に過ごそうと。娘が生きていくために必要なのは、安心なのです。

あるとき、中学の先生から自宅学習中の長女に会わせてほしいと連絡がありました。安否確認として、学校は生徒の様子を定期的に目視で確認しなければならなかったようです。

娘は中学に入学した当初は、学校生活に希望をもって学級委員になりました。本人なりに頑張っていたのですが、三者面談で、足りない点を先生から指摘され、とてもショックを受けていました。

心が沈むことが重なった長女は、学校に関する話題が出るだけでも、頭痛や腹痛が起き、気持ちが不安定になりました。その様子を見ている私は、直接会わせることはできないと、ねばり強く学校に伝え、理解を求めました。安心をおびやかすことはしたくなかったのです。

まわりに理解を求めること、理解してもらえなくてもそれでいいと親が思えていることが、親の見守りなのだと感じています。

子どもの意思を確認し、尊重する

子どもの人生の主役は子ども自身であり、子どもが自ら選択できるようにサポートしたいものです。

学校から求められた安否確認は、虐待や自傷行為などの有無、昨今の痛ましい事件もあり、必要なことなのだと思います。学校は文部科学省からの通知に沿って対応していきます。子どもへの被害を防止するという観点があります。

児童相談所などに通告されるかもしれないという圧を感じたことは事実ですが、それでも娘の心を休めることが最善だと判断しました。会わせることはできないと判断したのは間違いではなかったと思います。

最初は学校側に納得してもらえなかったため、校長先生に面談を要望しました。なかなか実現せずでしたが、ようやく会ったときに改めて状況を説明しました。

「会えないくらいの状況なのですか。それは大変ですね」

校長先生は、会って支援が必要なのではという趣旨の話をしてくれたのですが、すでに時遅しだと感じました。

「文科省からの通知は読んでいます。もし児相に通告されるとしても、娘の心の健康を守るのも親の役目なので会わせることはできません」

と伝え、了承を得ました。

学校との連携は大切なのですが、娘の気持ちを無視して無理強いするのは違うと思ったのです。**親は、社会的に求められる「〇〇するべき」から、子どもの心を守ることが時に**

は必要です。子どもの状況や意思により、「今」最善の選択をすることなのだと考えています。

最適な方法は変化するし、そのときどきに模索する必要があります。ふとした瞬間に、今までと違ったなという空気感があると思うのですが、それを見逃さないということが大事な気がしています。

具体的には子どもが手をつながなくなるような瞬間です。一緒なら教室まで行くことができたけれども、行けなくなったときなど、そういう瞬間に敏感でいたいと思うのです。

- 実際に手を貸して手伝うのか
- 声掛けで応援するのか
- 見守りヘルプを自らが示したときに手伝うのか

同じサポートであっても、子どもの成長により、私たちの関わり方は変わっていきます。声掛けの言葉、手を貸す頻度、内容を変え、子どもの主体的な活動を応援したいものです。

子どもはいろいろなことを経験し、失敗して成長していきます。子どもが病気をかかえていると、心配が過ぎて、つい先回りしてやってあげてしまうこと、ありませんか？

私もそうでした。そんなとき私がして良かったと感じるのは、子どもの同世代のお母さんとの関わりです。特に一人目の育児はわからないことばかり。

「これは、どのくらいの年齢になったら経験させてもいいのかな？」と思うことは、しばしばありますよね。

放課後に友達だけで遊ぶことなどの年齢的なタイミングに迷いました。上にお子さんがいるお母さんはどんと構えていて、参考になりました。最終的には自分で決めるのですが、考えをまとめるためにも良い機会だったなと今も感謝しています。

担任の先生が合わないと感じたら

担任の先生が合わないと感じるとき、同じ方向性の話をしているつもりであっても、違う話をしているのかと思うことがあります。視点が食い違っている気がして、悩んだこともありました。生まれ育った環境も違えば、先生と親という立場も異なります。すり合わせが必要なことは、当然なのかもしれません。

「同じ日本語を使っているはずなのに、通じない」

そのときの私の悩みを象徴するフレーズだなと感じたものです。多くの不登校の子や病児のお母さんが言う言葉だからです。

視点が合わないことで、子どもに影響がでるのは問題です。話し合って対応のすり合わせをする必要があります。なるべく気持ちよいやりとりをし、共通のゴールに向けて関わることを忘れてはいけないなと思います。

私の経験では、学校とかみ合わなくなったというよりも、最初の面談から向いている方向が違っていたのではないか、と後々気づくことが多かったです。会話が上滑りしているような感覚があって、先生からの確認のフィードバックの言葉が、「あれ、そういうことではないのだけれど……」ということがありました。

できるだけこの違和感をなくしておきたいものです。私はそれを解決するために、なるべく建設的に考え、一つひとつ確認しながら、具体的な行動で先生とすり合わせました。それでも難しいときは、繰り返し伝え続けました。どうしても先生と合う合わないはあると思います。でも、子どものことなので、相性では済ませられません。

先生と円滑にやりとりするために、私が工夫したことは次のようなことです。

- 感情をわかってもらうことの優先順位を下げる
- 担任の先生とかみ合わないときは、学年主任、養護教諭など別の先生の力を借りる
- なるべく完結にわかりやすく、具体的に伝える
- 伝えたいことは紙に書いて渡す
- できるかぎり学校に出向き、先生の顔を見て話す

先生も一生懸命に模索しています。こうした個別対応は試行錯誤で、明確な正解がないと思います。私たち保護者も、先生方もともに育ちあう場面も必要です。

友達との関係をどう見守るか

　子どもが学校で楽しく過ごせているか、友達とうまくやれているか、自分のこと以上にドキドキするのも親心なのかもしれませんね。園生活のときは保育士の先生と、お迎えのたびにお話しできますが、小学校になると先生と会うことも減ります。日頃の様子を知る機会はあまりなくなります。最初は戸惑いもあるかもしれませんが、まわりのサポートを得ながら、子どもが自分でできることが増えていくのだなと思いました。

　小学校進学後は、園が一緒だった同級生がさりげなくサポートしてくれました。子どもたちの力で自然と関係性ができていくのだなと感動したことを憶えています。病気があると、みんなと同じようにするのが難しいこともあります。ですが、**子どものほうがみんなそれぞれなのだということを、抵抗なく受け入れてくれる**と感じました。

　保育園でも小学校でも、子どもたちは色眼鏡で見ることがなく、関係を作ってくれました。共に育ち合い、お互いの存在があるのが自然で、大人ほど違いに左右されることはないようです。

きっと最初の心配が嘘のように、溶け込んでいくことが多いでしょう。

子どもは友達との関わりのなかでコミュニケーションのしかたを身につけていきます。子どもが自分で関わっていくことができると信じて、見守るというのが基本スタンスなのかなと私は感じています。

子ども同士のコミュニケーションに慣れていないなどの場合、サポートが必要かもしれません。娘の場合、医師の指導で感染症予防のために、子育て支援センターなどの場にはあまり行かないようにしていたこともあり、同世代の子どもたちと接する機会が少なくなりました。保育士などの専門職の方と連携して、見守っていきましょう。

親ができることは、人間関係を含めて失敗しても、安心して戻ってきて充電できる環境を作ることではないでしょうか。

入院したら勉強の遅れをどう取り戻す？

手術や検査などで度々入院や体調不良になると、1～2週間休むこともありました。そうなると勉強がどんどん遅れるのではと心配になります。長女のときは、ひらがな、九九の習得に時間がかかり、少しずつ難しくなる算数など積み重ねが必要なものに苦労しました。どうサポートしようかと悩みましたが、経験していくなかでぐーんと伸びたなと感じる瞬間が度々ありました。

これは私の考えですが、おおらかに構えているくらいのほうが娘は成長したように思います。私たちは、「普通」や「優れている」ことに執着しがちな気がします。そうでないと生きていけないような、子どもの将来を考えれば考えるほど、みんなと同じか、それ以上にならないといけないという考えにはまりがち。

見守っていて親がつらい気持ちになるのは、社会の基準に合わせようとするからではないか？　そう感じています。

このくらいのときにはそのくらいできないといけない……と、過度に思っているとしたら、病気を持つ子どもは少しつらい気持ちになることがあるかもしれません。

〝なるようになる〟

無責任のようですが、お守りの言葉です。いくらハンドリングしようとしても、うまくいかないこともありますが、おさまるところにおさまるのだなと今は感じています。

子どもには、必要なことを学び取る力があるのだと思います。その子のタイミングで成長するのですね。

妊娠したら胎教、生まれたら早期教育をして、塾に行ってと、人より優れるためにお金も期待もかける世の中かもしれません。

経済不安のある世の中を生き抜くために学歴は必要だという価値観もあれば、学歴は重要ではないという考え方もあります。個人の価値観で、善し悪しはありません。

失敗や遅れだと感じられることがあっても、そこから自分の道を見出していくことができるとしたら、それも生きる力だと思いませんか？

最近では、さまざまな学習ツールがあります。無理なく短い時間で学べるタブレット学習はとても重宝しました。短い動画で解説してくれ、キャラクターが勉強を応援してくれます。

無学年式で、つまずいたところまでさかのぼって勉強し直すことができるものがあります。ぎゅっとまとめてあるので、体力が心配な場合でも、少しずつ取り組めてクリアする充実感を感じられるのではないかと思います。

自宅学習中の娘は自分に合うようでわかりやすいと、毎日取り組んでいました。

ネット検索で見つけて、娘と話し合い、タブレット学習以外の、フリースクールなどさまざまな選択肢のなかから選びました。

ICT教育を活用しよう

ICT教育は、デジタルを活用した教育という意味だそうです。

インターネットを使って効率的に学習を提供するもので、文部科学省も積極的に進めていこうとしています。

長期入院や通院が必要な子どもたちは、教育から取り残されがち。学校から取り残されない取り組みは、あまりないのが現状です。

治療第一ですので、そういった意味でも普及が難しいのかもしれません。ですが、**学びは子どもたちの希望にもなります。**

病気のために学校に通えない子どもたちにとって、ＩＣＴを活用した教育は、学びを継続するための大きな助けとなると思います。学校の授業をオンラインで観られるだけではなく、テレプレゼンスロボット（ビデオチャットしながら、歩き回れるロボット）の活用で遠隔の教室に参加することができるものがあります。

教室内の授業に仮想的に存在し、教師やクラスメイトとリアルタイムで交流することが可能な時代になりました。しかし、実現には費用がかかるため、今すぐ導入というのは難しい話かもしれません。

ＩＣＴ教育は学びの機会を広げるだけでなく、心理的なサポートや社会的なつながりを保つ重要な手段としても、充実が求められるのではと考えています。

闘病中であっても、本人の希望に添えるよう、勉強を諦めなくていいようにしたいものです。個別の学習ペースやスタイルに対応できる支援ツールを見つけ、自分に合った難易度や内容を選んで学ぶことができるといいのではないでしょうか。

学校に行けなくても、条件を満たせば、タブレット学習ツールを活用し、学校の出席認定を受けることができます。出席認定を受けるには、まず担任の先生に相談してみましょう。

在宅で勉強していた娘は、ある学期の104日中102日出席したという認定がもらえました。伝えると嬉しそうにしていました。娘にとっても頑張りが認められて自信につながったと思います。

突然の入院　きょうだい児にどう説明する？

きょうだい児にきょうだいの突然の入院を伝える際は、年齢や感受性を考慮しながら、穏やかで適切な言葉を使いたいものです。突然の出来事は、誰でも不安や混乱を感じやすいはず。親や大人がきょうだい児に安心感を持ってもらえるように、誠実に対応しましょう。説明するためのポイントをまとめてみました。

きょうだい児の会ぞうさん組の齊藤みゆきさんに、きょうだい児のケアについてご意見を聞きながらまとめました。

年齢に応じた説明をする

幼児・小学校低学年には難しい医療用語や詳細すぎる情報は避け、シンプルでわかりやすい言葉を使うと伝わりやすいものです。「○○ちゃん（きょうだい）は体を治すために病院にお泊まりするんだけど、元気になって帰ってくるよ」と、安心できるようなトーンで伝えましょう。

小学生高学年、中学生以上と年齢が上がるにつれて、もう少し詳細な説明が必要になります。「○○ちゃんは体がつらくて、病院でしばらく治療を受ける必要があるけど、医師たちがしっかり治してくれるよ」と、状況を説明しつつも、安心感を持たせる表現が大事です。

わからないことが多いと不安が増えてしまいます。どう伝えるか、パートナーがいる場合は方針を合わせて、きょうだい児に説明しましょう。

誠実に話をする

きょうだい児が感じるかもしれない不安や疑問に対して、向き合うことが大切かと思います。たとえば、入院の理由や今後の見通しについても質問に対して真摯に答える姿勢を示しましょう。

きょうだい児のせいではないことを伝える

きょうだい児は、きょうだいの病気や入院を自分の行動のせいだと感じてしまうことがあります。誤解を防ぐために、「○○ちゃんの病気は誰のせいでもないよ。あなたが何か悪いことをしたわけではないから、安心してね」と伝えてください。

何かの罰できょうだいが行ってしまう、自分が悪い子だから離れ離れになるのだと思ってしまうと、心の傷になります。

特に低学年は、状況理解もまだ難しいところがあり、「いい子にしてなかったから」と誤解してしまうこともあるかもしれません。気持ちに寄り添える時間を持ちたいものです。

きょうだい児が感情表現できる時間を作る

きょうだい児は入院の知らせに対して、怒り、悲しみ、混乱、恐れなど、さまざまな感情を抱くのは自然なことです。それらの感情を抑えることなく、自由に表現できる場を持つことが長期間の闘病を家族で支えるためにも、きょうだい児の発育にも必要です。

「どう感じてる？」「何か心配なことがある？」と問いかけて、感情を共有するといいでしょう。気づくことのできなかった気持ちに気がつき、必要なサポートができます。

支援を求める大切さを伝える

きょうだい児もまた、感情的なサポートが必要な場合があります。カウンセラーや心理支援を受けることを検討し、また学校の先生や信頼できる大人に相談するよう促すことも考慮しましょう。

「誰かに話したくなったら、いつでも言ってね」と、サポートしたい思いがあることを伝えておくといいと思います。

きょうだい児が感じるかもしれない不安や混乱に寄り添い、家族みんなで乗り切っていきましょう。

学校の先生が知りたい子どもの情報

先生は、病気を持つ子どもについて、学校生活で安全に過ごせるようにサポートしたい、と考えていることと思います。先生が知りたいのではと思う、主な情報をまとめてみました。

まずは、病気と状態についてです。子どもの病気がどのようなもので、どのような症状が出るか。**慢性的か、一時的かなど、現在の状態を共有しましょう。**

子どもが定期的に治療や通院のために学校を欠席する必要がある場合、頻度や日程を伝えましょう。長期入院を予定している場合、いつ頃からどのくらいの期間かも大切な情報です。

病気や治療の影響で疲れやすかったり、休憩が必要な場合、授業や宿題の量の調整を考えることがあります。

食事制限や水分補給の頻度、トイレ休憩など、学校生活で配慮すべき点があるかどうか、体育の授業や休み時間の活動において、運動制限があるかどうか。どの程度の運動が許可されているのかも伝える必要があります。

緊急時の対応については、確実に確認しておきましょう。学校で症状が悪化した場合、必要な処置や薬の服用など、対応を明確に確認します。また、病院や親の連絡先も必要です。

救急車を呼ぶ基準を医師に確認し、共有しておくことも重要です。

心のケアは大切ですが、家庭で抱えがちなところです。学校生活について、病気や障がいが障壁とならないように、学校と連携できるようにしたいですね。

学校でのカウンセリングの利用を検討することも有意義です。クラスメイトに病気のことを共有するかを事前に話し合うことが大切です。

学校と家庭との連携方法として、子どもの健康状態や学校生活に関して、親や医師とどのように連絡を取り合うかが気になるところ。先生とどのようなタイミングで報告し合うかを確認しておきましょう。

先生との対話がうまくいくコツ

学校の先生と協力的でオープンな関係を築きたいですね。子どもにとって最善のサポートを得るための工夫が必要です。学校の先生と効果的に対話を進めるためのポイントを整理します。

情報共有をこまめに行うが、適切な情報量とタイミングを考えて、簡潔にわかりやすく伝える、を心がける。

必要な情報が何かを先生に確認して、適宜、提供するようにしましょう。

先生には多くの生徒がいるため、長時間にわたる詳細な説明は難しいかもしれません。たとえば、学校での配慮が必要な点、体育の対応、緊急時の対応などのポイントを整理して伝えるといいでしょう。

子どもの健康状態や治療計画で学校生活に影響があることは、早めに先生に伝えることで、適切な対応や学習プランの調整がしやすくなります。

相談のため、年度はじめの話し合いや、電話や連絡帳で協力を依頼しながら、必要に応じて学校に出向き、話しましょう。疲れやすさ、体育の授業への参加制限など、具体的な対応策を一緒に考えます。

「マラソンには参加を見合わせたい」などと伝えることで、先生も授業の場面で対応しやすくなります。

必要に応じて、医師やカウンセラーのアドバイスを共有しましょう。学校の先生にとっても、医療の専門家の意見は貴重な情報源です。娘の担当医から、「学校生活のことを相談しに先生が病院に来ることもありますよ」と教えてもらったことがあります。

病気の具体的な情報や、学校での対応に関する資料を提供することも有効です。先生に理解してもらいたいポイントをまとめた資料を渡すことで、学校でできる救急時の一次対応を共有しやすいです。

子どもの意見を尊重することは先生と対話していくうえで重要ですよね。子どもが自分の状態や学校での経験についてどう感じているかをできるだけ確認しておきたいところ。病気に関する不安や、学校でのサポートに対しての要望を聞き、先生との話し合いに反映させることが重要なステップです。

子どもが自分で状況を伝えたい場合には、その機会を作れるように先生に協力をお願いするのも一つの手だと思います。

子どもが自分で先生に「体調が悪いときはこうしてほしい」と伝えられると、子ども自身の安心感や自立心も育ちます。

学校に通うのが不安になってきたら

学校に対する不安は、体調の問題だけでなく、友人関係、学業、病気、将来、友達との違い、誤解や偏見など、さまざまな要因から生じることがあると思います。

丁寧に時間をかけて聞けるといいのですが、気持ちを言語化することが難しい場合もあるかもしれません。無理に聞き出そうとしすぎないほうがいいと思うこともあります。

絵や日記など、子どもが気持ちを表現できる方法を考え、少しずつ子どもが自分自身の不安を伝え、表現できるようになるといいですね。

学校に対する不安が大きい場合、本人の同意があれば、スクールカウンセラーや外部のカウンセリングサービスを利用して、不安を軽減するのも一つの手です。専門家と話すことで、子ども自身が自分の感情を整理し、不安を乗り越えるためのプロセスに力を貸してもらいましょう。

家庭内が安心できる雰囲気であることはとても大切です。特に学校に行くことに不安を感じているときは、**家族が支えとなることで、子どもが安心感を取り戻す助けになります。**わが家では無理に学校に行かせるのではなく、子どものペースを尊重しました。

病気や入院を理由に長く学校を休んでいた場合、友達関係に不安を感じることがあります。友達とのつながりを少しずつ再構築するために、放課後や週末に遊んだり、オンラインで連絡を取ったりする機会を増やすことが役立ちます。

学校復帰の準備をサポートするために先生や医療チームと相談し、段階的に復帰するスケジュールを作り、子どもが無理なく学校生活に戻れるように連携できるといいですね。

子どもが少しずつ学校での成功体験を積むことで、学校に対する不安が軽減されていくでしょう。急に毎日フルで行くことを目指さなくても、2時間だけ行く、お昼までにするというのもステップとしていいと思います。

安心のサポート体制があると子ども自身が感じられるように、**学校内で不安を感じたと**

きにすぐに相談できる大人（担任の先生、養護教諭、スクールカウンセラーなど）を決めておくと、子どもが安心して学校生活を送れる助けになります。同時に学校以外の支援先も探しておきましょう。

「いつでも相談して大丈夫」と伝えておくことで、子どもが自分で対応策を見つけやすくなります。

コラム

仲間や支援者とともに、子どもを見守る

病気の子どもを育てるなかで、母親の私は何度も孤独を感じました。誰かに相談したくても、人付き合いさえ億劫《おっくう》になることがありました。

専門職の方に相談しようと決めたときは、すでに追い詰められていたとき。誰に話をしても、責められているような気がして、気持ちが沈んでしまうこともありました。

しかし、振り返ってみると、一人で抱え込んでいることがつらかったのだと思います。どんなに小さなことでも、誰かに話してみてほしいのです。

共有できる人がいるだけで、目の前にあった大きな問題が、空気が抜けた風船のように縮みました。

支援者や同じ経験を持つ仲間とつながることで、子どもをみんなで見守ることができます。みんなで子どもを支えるために、心がけたことをピックアップしてみました。

1 共通の目標を持つ

関わる人たちが、「子どもの健康と成長を支える」など、共通の目標を持つこと。目標が明確であれば、保護者自身も安心できますし、支援者との会話も建設的になります。支援者それぞれの立場や役割は異なっていても、「子どもが幸せに生きるために、私たちは支える仲間なのだ」という意識を共有することで、信頼関係が深まります。困ったときも、その原点に立ち戻ることで、どのように行動すればいいのかが見えてくると感じています。

2 情報を共有する

支援者や専門職の方々とは、定期的に状況を確認し、情報を共有することが重要かなと思っています。

- どのタイミングで話し合うのか
- どのように連絡を取るのか（電話・訪問・アプリなど）
- 緊急時の対応方法

ルールを決めておけば、何か問題が起きたときも、焦らずに対応することができると思います。また、日常のちょっとした困りごとも気軽に相談できるようになります。

3 子ども自身の声を大切にする

どんな支援が必要なのかを決めるときは、子ども自身の希望や不安にも耳を傾けることを意識しています。子どもの年齢に応じたアプローチを、支援者と相談しながら進めていくことで、本人にとっても納得感のあるサポートになっていくと思います。

支援には、さまざまな専門職の方が関わります。医師、教師、臨床心理士、公認心理師、理学療法士、作業療法士、言語聴覚士、看護師、保健師、保育士などです。他にも、地域ボランティアの方が関わることもあります。

支援を求める際に、どこに頼るべきか迷ってしまうこともあるでしょう。そんなときは、頭に浮かぶ一番相談しやすい専門職の人で大丈夫です。そこから適切な支援へとつなげてもらうことができます。

「自立とは、依存先を増やすこと」。この言葉は、脳性まひの当事者であり、東京大学先端科学技術研究センターの教授である熊谷晋一郎さんの言葉です。

一つの支援先に頼りすぎると、それがなくなったときに大きな負担が生じます。しかし、いくつもの頼れる場所を持ち、それぞれの依存度を下げていくことで、頼っても「どこにも依存していない」状態を作ることができます。

私たちは、「人に迷惑をかけてはいけない」と思いがちです。でも、私たちはみんな支え合いながら生きています。迷惑をかけないようにするのではなく、助け合うことを前提に、支援のネットワークを作り、広げていきながら人生を楽しんでいきませんか？

子どもにとって安心できる環境を作るため、まずは親が安心できるように支援を求めてください。

第5章

子どもが自分らしくいられる、ホッとできるつながりとは

学校以外での居場所作り

家庭や学校以外の居場所を持とう

「居場所」は、自分らしくなることができる場です。特に病気や障がいのある子どもを持つ家族にとって、「居場所」とは単なる空間ではありません。孤独や不安でいっぱいの心を温め、安心感を与え、新たな日常を支える「生命線」のような存在にもなり得ます。社会との接点を自然と持つことができる〝つながり〟と言い換えることもできます。

なにげなく日常を過ごしているときは、あまり意識はしないものですが、つながりは当たり前のことではないのだと実感することがありました。

成長するにつれて、子どもはさまざまな表情を見せるようになってくれます。家庭だけで見せる顔だったり、学校のなかだけだったり、その場その場で見せる顔が違うことが増えてきて当然だと思います。いろいろな人との関わりは成長段階で必要です。

無理のない範囲で三つ以上、居場所があるといいです。家庭、学校、そしてもう一つ。可能であれば、四つ五つあってもいいでしょう。

自分の好きなことや、やりたいこと、興味のあること、または不安なことの解消などから、地域イベントに参加したり、サークルに行ったりしてみるのも有意義だと思います。

居場所ごとに、関わりの濃淡や雰囲気も違います。居心地のいい場所や相談できる場所などを見つけたいものです。

勇気を出して集いに行ってみたときに、いやだなぁとか、しんどかったな……となってしまうこともあるかもしれません。私は感受性が強いタイプで、合うところがなかなか見つからず、一人でいたほうがいいと思ったこともありました。

そんな私もちょっとずつ自分の居場所ができて、参加してみて楽しいと思うことが増えていきました。あなたやお子さんに合う居場所やつながりはあります。あったらいいなと思う居場所を自分で作ってもいいですね。

一人でいる自由、人とつながらない自由もあります。大人も子どもも、失敗したり行き詰まったりしても、他にも安心できるところがあると、毎日を過ごすことができるのではないかと私は感じています。欲しい居場所はその都度変化するものです。

提案が一つあるとしたら、**子どもの居場所として、病気であることが主にならない〝本来の自分として参加できる場所〟を探してみてほしい**ということです。「病気の子ども」ではなく、「自分らしさ」を感じるきっかけになります。

家庭や学校では、どうしても病気ありきで話が進んでしまいがちです。そのフィルターがないところでできるつながりや経験は、精神的な安心感になり、闘病するうえでも支えになるのではないでしょうか。

心臓病というフィルターが必要ないところでの娘は、とても楽しそうです。生きる力を与えてくれているなと思います。

「居場所」があれば気が楽になる

闘病を支えるなかでつらかったのは、「孤独」でした。闘病期間が長くなるほど、周囲の人に気を遣わせてしまうように感じ、自分の気持ちを抱え込むことが増えていきました。

孤独感は、不安や抱えている問題をさらに大きくしてしまいます。誰かに話を聞いてもらえたとき、どれほど心が落ち着いたか、はかりしれません。

もしかしたら居場所というと、地域活動というイメージが強いかもしれません。最近は、ＬＩＮＥのオープンチャットやＺｏｏｍでおしゃべりができる場も増えました。当事者の会だったり、専門職の方が開催していたり、匿名性の高い電話相談だったりと、さまざまな場があります。

私の場合、近くに友人がいなかったため、ＳＮＳのつながりに助けられました。娘が眠った後のわずかな時間に不安に襲われることがあったのです。そんなときは、文字だけのコミュニケーションのほうが本音を話しやすいこともありました。

居場所を探す際には、安心できるところを選ぶことが最優先です。

まず、**病気に理解のある大人や、同じ状況を共有する子どもたちとの関わりは、安心感を与えてくれます。**病児支援を行うＮＰＯや、同じ病院で出会った家族などがつながりを持つためのきっかけになるでしょう。

当事者コミュニティに参加すると、他の家族や子どもたちとの情報交換が可能になります。同じ立場の人々と悩みを共有することで安心感が得られます。

医療や心理的なサポートを受けられる居場所もあります。必要な情報を得たり、専門家の助けを借りたりすることで、心の負担が軽くなるでしょう。NPO、専門職の方の運営する相談窓口などを活用してみるのもいいかもしれません。

社会課題もですが、人生においての課題といったものは、何かと何かの「間」で大きくなる気がしています。宙ぶらりんになる期間に課題感が色濃くなります。たとえば、保育園と小学校など、所属先が移行するタイミングです。この**つなぎ目をうまく結んでくれる居場所が、民間の団体や個人の付き合い**なのかもしれません。

誰かとつながっているとか、誰かと話ができる、情報が得られるということは、心の支えになります。不安感が和らいでいくことでしょう。

困難なときこそ、人とつながりをもっていたいですが、そういうときこそ億劫だなとつい感じてしまうのも事実です。

子育てに行き詰まった時期がありました。長女は苦しかったのかよく泣く子だったので、なんでこんなに泣くのだろう？　とどうしようもない焦りに押し潰されそうな日々が続きました。

私は地方から上京し、知り合いもほとんどいない状況でしたし、知り合いに自分の状況を話せませんでした。結婚と同時に都内のマンションに引っ越しました。近所付き合いもなければ、隣人との交流はほぼない状況。同じような状況の方は少なくないと思います。

当時、私自身は、子どもの病状がいつどうなるかわからない不安で仕方ないなか育児をしていたので、その大変さを常に実感していました。そろそろ限界……と思ったときに、私は子育てのサポートをしてくれるＮＰＯと出会いました。そこではコーディネーターの方が話を聞いてくれたうえで、支援者の方が来てくれるといったものでした。

子育てが一段落した先輩ママが自宅に来てくれて、じっくり話を聞いてくれるのです。これは私にとって、意味のあることでした。つらいときは電話でも話を聞いてくれて、一緒にスーパーに買い物に行ったり、病院に行ったりもしてくれました。

私はその方に出会って、徐々に気持ちが元気になりました。疲れていた気持ちが、だんだんとほどけていく感覚を今も憶えています。

遠方に住んでいる親に子育ての助けが借りられない状況だったり、親の協力を得ずに育児をしていたりする方もいますよね。とにかく話を聞いてもらえる、安心できる誰かと会って会話ができる、それだけで救われることもあります。

居場所とは言っても、必ずみんながいる場に行かなくてはいけない、ということではありません。私のように誰かが来てくれて、話を聞いてくれるかたちの居場所もあるのではないかと思っています。**今の自分に合った自分なりの居場所を見つけること、それが何より心の支えになります。**

あなたの近くの居場所「地域コミュニティ」

私があったらいいなと思っている居場所の一つに、地域の居場所があります。

病気のある子どもたちとその家族にとって、地域コミュニティへの参加は勇気がいるかもしれません。

地域コミュニティの存在は大きな意味があると思います。

地域全体で市民活動や助け合いをしている感覚がある地域は、協力的な地域環境があり、支援がより効果的に行われる市民性（社会の一員として他者を尊重しながら権利や義務をもって社会に参画すること）が成熟しています。

地域での居場所、地域コミュニティにはさまざまなものがあります。行政が行っている〇〇カフェみたいなものも、もちろんですが、子育てセンターや児童館なども、地域の居場所です。任意団体など、子育て支援をしている団体もそうですね。さまざまな団体がありますので、ネットで探すことも可能ですし、社会福祉協議会子育て支援センターなどからも情報を得ることができます。

たとえば、病児や障がいのある子どもやその家族が自身の気持ちや経験を共有する場や、クリスマス会など子どもたちが楽しめるイベント、学習のサポートも進められています。

「場所」だけではなく、「人」も居場所になります。友達は大事な居場所です。私の場合は3歳児検診などで、一緒になった方とつながりました。集団で行われる検診などでは同じ地域や近くに住んでいて、子どもの年齢が同じなので、育児に関する悩みなどはわかり合えることが多いように思います。また同じ産院で産んだ方なども、退院後も何かとお付き合いが続いたりするケースもあります。

ここでは地域での居場所という観点からお話ししましたが、私は地域のつながりがあるからこそ安心できること、逆に地域の人だからこそなかなか話せないこともあるような気がしています。

地域では話せない、つながることが難しい場合には、身近な場所にとらわれず、電話相談やＬＩＮＥ相談、オンラインでのコミュニティもうまく活用してみましょう。

似た境遇の人との居場所「病児の会」

同じような経験をしている方と、共有できる思いがあると思います。似ているからこそできるお互いの尊重や寄り添いがありますよね。

共感し合える場所というのは、自分の感情を整理するときにとても役立ったり、情報交換できたりもするので、ぜひそういった場も一つもってもらえたらなと思っています。

病気の子どもや家族で構成される当事者の会があるのをご存じでしょうか？　たとえば、病児の会は、病気の子どもとその家族が、同じような境遇を持つ仲間たちとつながり、支え合うための場です。安心できるつながりを持ち、必要な情報や、サポートを得られる環境があります。

病児の会では、さまざまな活動を通じて、病児とその家族の生活を支える工夫がいろいろとされています。

たとえば、定期的な集まりでは親同士の情報交換ができます。他の家族からのアドバイスや体験などを聞くことで、新たな視点や実践的なアイデアを取り入れることもできます。子どもたちにとっては仲間と触れ合ったりする機会にもなります。

専門家を招いた講演会などでは、医療や心理的ケア、教育に関する最新の知識を学べたり、具体的な問題解決の手がかりを得られたりします。同じ境遇の人たちとつながることで、日々の生活や治療の選択肢を広げる大きな助けになってくれることでしょう。

多くの方は、病気を診断されて情報を得たいと、お子さんが小さいうちに入る方が多いと思いますが、私は子どもが中学生になってから入りました。

子どもが小さいうちは、闘病記のようなものや、医療情報などもネットで出てきて学べたのですが、子どもが成長するにつれて、その成長段階に応じた情報にたどり着くことができなくなりました。

子どもの成長とともに、病状などの個別性が高くなってくると、親も対応に迷うことが増えます。

問題が病気だけでなくなってきたというのが、私の印象でした。

学校生活をどうするか？　進路選択はどうするか？　といった悩みが増えてきたときに、求める情報がネットのなかだけでは十分に得られない、という現実に直面しました。

術後の遠隔期（術後しばらくたった時期）合併症の心配もですが、思春期に入って大人の体になってきたときに、体への変化にどう対処していくかといったことも考えなければいけなくなります。しかし、自身で調べて得られる情報は少なくなりました。

子育てに関するさまざまな判断をするための材料が、だんだんと揃わなくなってきたときに、重要になってくるのが、同じような経験をしてきた先輩方の声です。どうやって乗り越えてきたのか、困ったときにどうしていたのかなどに加え、病院のことなど、情報交換ができます。

年齢が上がると、将来について考えることも増えてきます。就労はどうしたらいいのか、成人移行期をどうするかなどを考えなければなりません。そういったときも、病児の子育てをしてきた先輩ママたちのお話はとても貴重です。先を見据えるといった点でも、似た境遇の人との居場所は重要ですね。

病児の会のように、同じような経験をしている人たちとの交流をすることで「一人ではない」という安心感を得ることができます。同じ立場だからこそ分かち合える思い、不安や悩みを率直に話せる場をもつことで、心の負担を軽くできるだけでなく、前に進める力を取り戻す一助にもなってくれるのではないでしょうか。

専門家がいる、支援者が作る居場所

病児の親子のために、月に一度程度ですが、集団保育で同世代の子どもと遊ぶ時間を経験できる広場が病院の近くにありました。主に看護師さんや保育士さんなど、いわゆる専門職と呼ばれる支援者の方などがやっている居場所です。わが家は行かずじまいでしたが、あると知っただけでも支えられました。

居場所の情報は、今後成長していくなかでも必要になってきますので、同じような立場の人や支援者とコミュニケーションをとって情報交換したいものです。

療養していると家で過ごすことが多くなり、感染症予防のために、出かけることも少なくなりがちです。同世代の子と接する経験が少ないと、うまく関われないことがあるかもしれません。

どうやって人と接したらいいかがわからないといったときに、適切にサポートをしてくださる方がいると安心します。**専門職だからこそ可能な関わりがあるというのも、支援者**

が作る居場所のメリットです。

他人とのコミュニケーションの取り方、療養的な関わりなど、親子間だけではどうしても解決しがたい部分で、特化した専門家が作る場を活用するのも一つの手です。

情報を得る場 心を軽くする場 参画できる場

私は〝居場所作り〟をキーワードに活動をしてきました。活動の発端は、娘のことで私自身が社会からの排除感を抱いたことからです。その経験は、人と心を通わせる時間が、どれだけ心の栄養になるかということを教えてくれたと思っています。

病気や障がいを持つ子どもを育てる親は、社会から切り離されたように感じることが少なくありません。「わかってもらえない」「頑張らなければ」というプレッシャーがいつもあります。

理解を示してくださる人たちとつながることによって、情報を得たり、自分の気持ちを安心して吐き出したりできると、パワーが湧きます。

病気や障がいに対する心配はかたちを変えて、人生のなかに幾度となく登場することがあるでしょう。話を聞いてもらえる場があり、必要な情報が入ってくる場にいると、不安は軽減します。

特に病気に関することで、誰かに聞いたことは自分でも確かめることが鉄則です。**自分にとって必要な情報なのかどうかを見極めるためにも〝患者力をつけること〟は大切です。**この言葉は、がん闘病の支援活動をしている友人の言葉です。病気だけに限らず、情報とどう向き合うかを考えてみてください。情報を得る力、精査する力、役立てる力をつけていきましょう。

そのうち、自分にできることがあるのではないか、と思えることが出てくるかもしれません。

〝お客様〟として接してもらっているより、自分にも役割があるほうが居心地がいいと感じるようになったときは、才能や能力を活かせる場という居場所が大事になります。自分も役に立っていると思うことで心が満たされ、自信につながっていきます。

居場所は社会的なつながりの広がり、孤独感の軽減、さまざまな価値観や世界観を垣間見ることができて、成長の助けになったり、心の平穏にもつながります。

自分でも居場所は作れる

私がＮＰＯに支援を受けた話をしましたが、実はそれには続きがあります。

自分が助けてもらった経験を活かして恩返しがしたくて、今度は自分と同じように困っている方々のために、地域活動をしたいと考えました。活動を開始し、出展、発表した男女共同参画推進フォーラムで、そのＮＰＯの方に再会したのです。

「あのとき、とてもつらくて……あなたのおかげで今の私がいます」

と話したのを今も憶えています。

「私もできることをし続けます」

そうお礼を伝えたら、喜んでくださいました。私は感謝してもしきれない気持ちから活動を続けています。

子育てをしていると、どうにもうまくいかなくて、わが子が憎らしく感じる瞬間もあるかもしれません。ゆっくり眠れず、誰とも話せない、わかってもらえない……そんなときに心を助けてくれた方の温かさに触れ、私も誰かの居場所となり得る場所を作りたい、そう思った瞬間が原点とも言えるかもしれません。

「お母さん、よく頑張ってきたね。よく電話くれたね」

あのとき、家に来てくださった方にかけていただいた言葉。今でも胸が熱くなります。初めて電話をしたとき、育児に疲れ果て、涙を浮かべて話す私の声を、ゆっくりと聞いてくださいました。

最初に自宅に来てくれたときも、娘は泣いていたように記憶しています。いつしか余裕をなくしていた私のそばで、「まあ、なんてかわいい娘さんかしら」と泣いているわが子を、かわいいかわいいと褒めてくれました。

いつしか誰かに頼ることが、何かに負けてしまうような気持ちになっていたような気がします。頼ることはいけないこと、親なのだから自力でなんとかしなければならないと頑なになっていた私の心を、その方の言葉一つひとつが救ってくれました。

一人でもいい、ホッとして話せる相手を見つけてほしい。そして、元気になれたとき、自分で何かをしようと動くことができるようになったとき、痛みやつらさがわかる自分だからこそ、誰かの助けになりたいと思うのかもしれません。またそこが誰かの居場所であり、自分の居場所にもなっていくのです。

誰かが作ってくれた居場所もあれば、自分で作る居場所もあるのだと思います。

私も自分が居場所作りをしていることで、気づいたらそれが自分の居場所になっていることに気づきました。

助けを求めることが申し訳ないとか、抵抗があるなという方も、その居場所に一緒にいることで生まれる「あなたがいてよかった」という〝相互作用〟を受け取ってほしいと思います。

その先にいつか「これっておかしくないかな？」とか「こういう場があったらいいよね」とか「こういう場所欲しいよね」が出てくるかもしれません。

うちの地域にはない！　活動をしている人がいない！　となったときに、仕方ないと諦めるのでなくて、自分でも居場所は作ることができるということを知っておいてほしいなと思います。

非営利団体の立ち上げ方法

病気を理由に保育園の入園を断られたことがありました。障がいがあっても受け入れていると書かれている保育園に見学を申し込みましたが、見学前に入園を拒否されてしまったのです。

まるで社会から拒絶されてしまったような気持ちになりました。まだ詳しい病状の話もしていないのに、見学さえもさせてもらえないのか……。

「結論から申し上げて、お宅のお子さんは預かれません」

保育園の職員が、第一声で言った言葉でした。

うちの子は何にも悪いことをしていない。頑張って手術も乗り越えた。体調も安定したのに心臓病というだけで、見学さえも断られるなんて、悲しくて悔しくて……。

あまりに泣く私を見かねた夫が、保育園に事情を聞くと、園長先生から謝罪の電話がありました。

「お母さんごめんなさいね」

私が、どうして謝ったのかを園長先生に聞くと、こう言われました。

「お母さんを傷つけてしまって」

この言葉に私はさらに悔しくなりました。

私が傷ついたことが重要なのではなく、状況確認もしない見学拒否の対応が通る、社会への憤りの気持ちと絶望の気持ちがありました。

園長先生は何が問題なのかまったくわかっていない様子でした。応諾義務を認識しておらず、長女を園で受け入れられないとしても、受け入れ可能な園につなぐなどの対応をすべきで、詳しい話も聞かずに断る対応には問題があります。

また、入園を断った職員は、園の会議で適切に対応するように指示を受けていたそうなのですが、心臓病の子が来たら話も聞かず会いもせずに入園を断るということが〝適切〟

な対応だとしたら、こんなにひどいことはないと思いました。

こんな社会、おかしい！

そう強く思った私は、居場所がないなら自分で作ろうと動きはじめました。近所の放課後等デイサービスの事業所と協働し、地域で子どもたちの居場所作りを始めたのです。

その日から私はファイターになっていました。

「おかしい！　たたかって権利を獲得しないと、何もできないのか？　どうにかしなくちゃ！」と動くようになりました。

障がいや疾患のある子どもの育児をしていると、かわいそうな子、特別な子という目で見られ、排除的な扱いを受けることがあります。

「みんなが安心できる居場所を作りたい」

地域のなかで、病気のある子も障がいがある子も、元気な子も、みんなが集える場所を作ろうと思い、非営利団体を設立して活動を開始しました。

〝居場所がないなら自分で作ろう！〟

そう思いました。

もし、あなたが非営利団体を立ち上げたいと思ったら、何をすればいいか。それを私の経験をもとにまとめてみました。

① 活動の趣旨を決める

まずは、自分が作りたい活動の目的を明確にします。情報交換や感情の共有、サポートの提供など、具体的に何をするか、活動目標を設定することから始めます。

「〇〇の会です」「〇〇をしている団体です」と説明できることを目指すと考えやすいでしょう。

団体を作るなんて大変だと思うかもしれませんが、一人でオンラインから始めることもできますし、ＳＮＳを利用して居場所を必要としている方を募集することもできます。

次第に人が集まって、大きくしていこうとなったときは、専門職の方や仲間の力を借りていくなど、徐々にカスタマイズしていけたらいいのかなと思います。

②「いつ・どこで・何を・誰と」を明文化する

いつ・どこで・何を・誰と、を明確にしておくことで、ミスマッチを防ぐことができます。対象者は誰か（年齢や所属）など、具体的な活動内容を決めておくことで、こんなはずじゃなかったという事態を避けられます。

リアル会場なのかオンラインなのか、人数制限は設けるのか、月に何回行われるのか、時間帯はいつなのかなどを明確化しておきます。

場所は、地域のコミュニティセンターやオンラインプラットフォームを活用して、情報交換や趣味を共有する場を設けることもできます。

対象年齢が未就学児なのか、就学後なのかなどもポイントになってくるかもしれません。会場や時間、準備物が違ってきます。

保護者を対象にするなら平日の日中、親子が対象なら土日祝など、対象者の立場で参加しやすいように考える必要があります。

継続的に活動を支えるためには資金や会場、人員などの確保も必要となってきますので、どう運営していくのか少しずつ考えていく必要があります。

③ 必要な書類を作る

活動を通して、方針を固めて開催実績を積み、市や都道府県、教育委員会などの後援を得られると心強いです。後援がつくと認知度だけではなく、支援を必要とする方々の安心感にもつながりますし、チラシを公的機関に設置、配布してもらえることもあります。

後援を受けたい場合には、申請手続きが必要になってきます。適宜、役所の子育て支援に関わる窓口へ、名簿、会則などの必要な書類を持っていきましょう。

行政の運営している施設や公民館など、地域資源の活用を考える場合は、団体登録をしておくとスムーズです。団体での登録がないと、利用自体ができないケースもありますので、検討してみてください。

活動の内容がまとまったら、まずは1回目の会の開催イメージを固めてみましょう。参考として、私の主宰しているJapan居場所作りプロジェクトの支部で実際に行われた活動がわかるチラシを、この後のページに載せました。

タイトルや日時、開催方法、場所、参加費、内容、主催者、講師、申込先などの情報を入れて作成しましょう。

地元密着で行う場合は、チラシを印刷して対象の方が来そうなお店などに設置すると効果的です。より広範囲に告知したい場合は、ＳＮＳでチラシの画像を使って発信するといいでしょう。

参加者が集まり、非営利団体を継続的に運営していくところまで整えることができたら、適切に参加者の声を取り入れながら活動内容を調整します。公民館の和室や、カフェ、公園、オンラインプラットフォームなど、自分にとっても参加者にとっても心地よい空間を選び、定期的に集まる機会を作ってはいかがでしょうか。みんながリラックスして集える環境を整えていきましょう。

自分で居場所を作ることで、つながりを深めるだけでなく、自分にとっても支援を必要とする方々にとっても、安心できる場を提供することができます。

居場所は孤独感を軽減して、必要な支援を受けられる大切な空間です。それぞれの居場所が持つ可能性を活かして、共に支え合う社会を築いていきましょう。

＼家族で取り組むおうち発達支援／
第1回ワークショップ
睡眠の勉強会
日時 2025 12/18（水）14:00~15:00
定員 先着10名
費用 無料
会場 オンラインワークショップ
睡眠は発達に影響する？
夜尿症って何？！
発達障がいと睡眠障害とは？
講師
谷口 朋子
＼お子様の未来をともに築く／
"はっとも"代表
公立小中学校元通級指導教室担当教員、発達障がい者支援センター、放課後等デイサービスなどでの勤務を経て、現在は相談や早期療育などに力を入れている
▶発達障がい育児歴19年の現役ママと一緒に発達過程での相談や早期療育、幼児から大人の特性をもつ方々の指導、支援などを行う元通級指導の先生による『優先順位』のお話を聞きながらの情報交換
▶特性のあるお子様のご家族であれば、誰でも参加OK！
ファシリテーター
椛嶋ゆかり
発達障がい育児歴19年の支援活動家（発達障がい、軽度知的、グレーゾーン、定型発達児三児のママ）
発達育児コーディネーター/ライター
Japan居場所作りプロジェクト
発達障がい家族サポート福岡支部長
注意事項:
ご参加者様同士のトラブルなどには一切責任を負いません。
営利目的、宗教活動やネットワークビジネス等、各種営業行為等は一切禁止とさせていただきます。
勉強会中の画像や動画など無断での撮影録画はご遠慮下さい。
＼発達支援ファミリーサポート運営／
Japan居場所作りプロジェクト後援
発達障がい家族サポート福岡支部主催
お申し込みはこちらから

コラム

私の場合　非営利団体の設立　子どもたちの居場所作り

居場所は大きく分けて２種類あります。

- 安心できる、ホッとできるエネルギー充電の場所
- 役割があり、誰かの役に立てていると実感できる場所

私はわが子との経験が、のちの自分の人生の選択につながっていったと考えています。この葛藤は私だけではない、心臓病に限らず、多くの方が同じような不安や葛藤を抱えているはず！

そんな想いから、困っている子どもたちやその家族の「しょうがない」ではなく「こうだったらいいな」を目指して、活動をしてみようと思いました。

多くの母親たちの葛藤は多岐にわたります。

「本音を話せる人がいない」「心が休まらない」「気持ちの整理をつける余裕がない」「不安

や悲しみを表現できない」
そんなとき、私は人の優しさに助けられました。これまで言えなかった気持ちを理解してもらえたことで、人に対して心を開くことができ、前を向いて進むことができたと思っています。だからこそ、今も居場所作りを続けています。

子どもの病気がわかってから、命に関わる治療の決断をしなければいけない重圧、予後の経過、家に残している家族に対する罪悪感。家と病院に二つの家庭があるような状況のなかでの、仕事のことや経済的な問題など、多くの不安を抱えることになりました。

毎日葛藤し続けるなかで、しなくてもいい悲しい思いを次世代に引き継がせたくない！と強く思ったことが、私が社会活動や非営利団体設立などを行っていくことになった〝想い〟です。

入院中、心や体が疲れても、病院から離れることはしたくありませんでした。でも、病気以外の話をできる人もおらず、ボロボロ。
心を休められる場を近くに作ることができたら、きっと他のお母さんたちも休まる瞬間があるのではないか？　そのために自分のスキルやつながりでできることがあるはず！

気づいたら病室で手書きの企画書を作成していました。

「あったらいいな、を実現する活動」として、ドナルド・マクドナルド・ハウスでハンドトリートメントの専門ボランティアチームを立ち上げました。仲間とともに長年活動し、コロナ禍でいったん中止となりましたが、再開して続けていきます。

病気の子の育児は、通院や感染症予防のために人が集まるところを避けるなど、当時の私は環境的にも精神的にも孤立していました。

自分のやりたいこともあるけれども、それどころではない……世の中との接点がなくなっていくような気さえしました。

仕事もしたい！　でも子どもも大事。

あのころ私は表面は笑顔でも、本音は何かを批判し、問題点を責める姿勢で動いていました。

お子さんが特別支援学校に通うお母さんに、学校の愚痴をこぼしたことがあったのです。

そのときの返事にハッとしました。

「特別支援の先生になってくれる方って多くないから、いかに長く働いてもらえるかという気持ちで私は接するようにしているのよね」

との言葉。

私は無意識に「先生ってそういう役割でしょ？　そうすべきでしょ！」とお客様感覚でいた自分に気づきました。

保護者も先生も支援者も子どもを取り巻くチームの一員。居場所を作ってくれている存在の一人であるとの認識に変わったのです。

〝居場所は自分でも作ることができるし、自分で探すこともできる〟

非営利活動では誰かのために居場所を提供するだけでなく、自分が欲しい場所を作っていき、やりがいと想いが重なることで、日本中にいろいろな居場所がどんどん増えていくと信じています。

現在はこれまでの体験や経験を活かし「誰も一人ぼっちにならないあったかい社会を作りたい」との想いから、〝Ｊａｐａｎ居場所作りプロジェクト〟を発足し全国に支部ができました。

ありがたいことに、日本全国に居場所を作りたいと、ともに活動してくれている皆さんと「あったかい居場所」をもっと全国に増やしたい！　と活動を続けています。

第6章

「学校に行きたくない」に、親がしてあげられること

不登校になった場合の居場所作り

思春期の子どもの変化と病気のこと

親はいつまで経っても、子どもは幼い頃のままのような感覚でいる気がします。わが家の姉妹はどちらも思春期を迎えていますが、いつしか自分のことは自分で決めていくようになります。その〝いつか〟がいつなのか、見極めが難しいなと感じています。

特に病気や障がいなどがあると、なおさらです。

子どもが思春期に差し掛かったら、「子どものプライバシーに配慮しよう」とか「子どもの感情を考えてあげなければ」と親は考えると思います。でも実際は、子どもが決めることまで親が決めてしまっている家庭が、実は多いのではないかと思います。

病児教育の権威の先生に、話を伺ったことがあります。そのなかで**「自分で決めることが生きる力につながっている」**という言葉が印象に残っています。

病気があると、つい何でもやってあげたり、決めてしまう。今日傘を持って行くかどうかなど、ついつい持って行くように口うるさく言う経験は、多くの方がするのではないでしょうか。

傘を持って出かけるかどうか、今日着ていく服はどうするか、お昼は何を食べるかの選択のように、小さな意思決定を重ねることで、生きる力になるのだと教えてくれました。

結果として、傘を持って行かず、雨が降ってしまったとしても、自分が持っていかないと決めたのだからやむを得ないと、行動に責任が芽生える、そして子どもも自ずと次に活かそうとします。

〝失敗してもいい〟

それこそが生きる力につながっていきます。親が先回りして何でもやりすぎず、**子どもがどうしたいかを決めて行動できるようにサポートすること、これが親の役目**なのではないかと思います。

決めるということは、気力がいりますよね。決める経験をしていくことで、自分の人生のことを自分で選ぶ力をもってほしいです。

いろいろなことがわかる年齢になると、病気という脅威とどう向き合うか、考えるようになります。長女もそうです。情報も入ってきますから、余計に不安もつのります。その気持ちとわが家も日々向き合っています。

長女が自分なりの捉え方、感情の整理を進めていく過程そのものが、彼女の人生のうえで重要なのではないかと考えています。私ができることは、彼女の人生のなかの主役を支えることです。

「学校に行きたくない」とどう向き合うか

学校に行かないとなったとき、親が戸惑うのは、行かない事実をどう受け止めるかということと、日中の生活が変化することです。

わが家の場合は、今まで学校に行っていた時間、つまり昼食のこと、学習のこと、ずっと子どもだけでいさせるわけにはいかないのではないかと、代わりを考える必要がありました。

長女が学校に行ったり行かなかったりしたころ、学校に欠席の連絡をするのもとても負担でした。

毎回電話をしていたのですが、私の気持ちも限界で「もうしばらくは学校に行かないと思いますので、当面は休みの電話連絡はしなくてもいいでしょうか？」と伝えました。

朝から学校へ連絡する必要がなくなったことで、気が楽になったことを憶えています。朝、学校に行くのか本人と話し合って、学校に連絡するという一連の流れは親も大変ですし、本人も学校のことを聞かれるのは、重圧だったと思います。

それからは完全に学校との連絡を断つことがないように、担任の先生と電話で話をし、様子を伝えていました。

カウンセラーに相談したり、学校の先生と話したりすることが必要な場面は出てくると思います。不登校の子のお母さんと話をするとき、私はいつもある先生のお話を思い出します。

その先生は不登校をテーマとしたテレビ番組に出演されていて、多くのお母さんや支援者からの人望が厚い方です。

不登校の子の支援活動を行い、子どもたちと一緒に遊び、保護者の相談を受ける活動をしている方です。

その先生によると、「なんで学校に行けないのか？　と子どもに聞いたとしても、そこには明確な理由はないので、答えることはできない」のだそうです。

子ども自身でも、よくわかっていないことが多いのだそう。理由を知りたくて、親を含めた大人はいつも「なんで？」と理由を聞き出して解消しようとします。どうして行けないのか、自分でもわからないのだから答えることはできません。言葉にするのは難しいことです。


その先生のお話を聞いたときに、「なぜ学校の先生に、子どもの欠席連絡をするのが億劫になってしまうのか？」という疑問が、やっと解消できた気がしました。

仕方ないことなのですが、休む理由という、子ども自身がよくわかっていないこと（言語化できないこと）を、第三者に説明しなければいけないという状況を、つらく感じていたのです。

学校の先生としては、把握しておきたいことだとは思います。業務上知っておかなければいけないのかもしれません。

親は「理由を答えられなかったら、コミュニケーションがとれない家庭とみなされてしまうのではないか」という負い目を感じている気がします。

学校に伝えるために、子ども本人にも話を聞くと思いますが、そのたびに本人もいやな思いをしているかもしれないと思うと「聞かなければよかったかな……」と後悔をしてしまうこともありました。気持ちを言葉にできるときが来れば、それは子ども自身の心のなかで整理ができ、リスタートが近いというサインでしょう。

行きたくないという子どもの気持ちを「あなたは今そう思っているのね」という事実を認めることが大事です。

私は学校に行くことに、いいもわるいもないのではないかと思っています。むしろ「学校に行かないとダメ」「高校入試のために行っていなければいけない」と責めることは、いい影響にならないように感じています。

親のほうが「普通の高校に行かなければ将来困るのではないか」という考えに固執して

しまっているケースも多いのかもしれません。子どもがレールから外れてしまうことだけは、どうしても避けたいと考えてしまうこともあると思います。

だからこそ学校に行けなくなると、戻そうとします。子どもが親の希望通りに学校へ行ってくれるかというと、必ずしもそうではありませんよね。気づかないうちに、だんだんとお互いに疲弊してきてしまいます。

「行かない選択肢もあるよね」と少しでも思えることができたら、子どもに強制をしなくなりますし、親も「こうあらねばならない」という思いから解き放たれるので、お互いに楽になれるような気がしています。

とはいえ、親としては「学校に行かなければ、仕事にも影響するし、勉強もどうする？」と思う方が多いと思います。親の就労問題が出てくる課題です。昨今、社会問題としてクローズアップされるようになってきました。

無理をして学校に通って勉強をしたとして、世の中、安心なのか？　と言われたら、実はそうではないことも多いのではないでしょうか？

学校に行っていなくても、創作活動を行って海外で活躍している方もいます。学校に行っていなかったと明言している方も多くなりました。収入を得る道も多様化しています。

学校に行かない選択をしたことで、安心し、心が回復していくと、自然と目が外に向かっていき、元気になる子もいます。

先述のテレビ番組に出演されていた先生は「絶対とは言わないけれども、ずっと引きこもっているということはない。必ずどこかで自分の足で歩み出す。それを信じていくのが大事。それを信じていないと、つい手を出したくなってしまう（何かをやってあげようとするという意味）」と言います。

子どもが「暇だな」と言い出したら、安心できる一つの目安になるようです。暇だと感じるということは、それだけ心に余裕が出てきた証拠でもあるからです。

娘もある日、「暇だな。どこかに行きたいな」と言ったのです。様子を見ていても元気が出てきたなと思っていたころ。それから外に出ることが増えました。

ゲーム依存の講演会に参加したことのある方は聞いたことがある話かもしれませんが、

ゲームはやめさせるべきでしょうか？　昼夜逆転してまでゲームにのめり込む姿を見たら、子どものためにやめさせなければいけないと思う親が多いと思います。

ですが、唯一自分から自発的にやっているものを取り上げるというのは、気持ちのバランスがとれなくなってしまうため、逆効果なのだそうです。心が充電できることを信じ、ときには子どもの世界に寄り添い、自分も参加してみることも必要かもしれません。

興味のあることが別に出てきたりすると、自然とやめられるのだそうです。いつか心が満ちてきたときには、自分で何かしら活動しはじめます。

家が子どもの〝安心な場所〟であるか、ということが大事です。

学校に行かないことを責める雰囲気があれば、子どもは家のなかでも安心感を得られないですよね。

「家にいていいのだよ」

家は安心、大丈夫という感覚を子ども本人が持てるようにすることで、元気になっていくと私は信じています。

学習の選択肢はたくさんある

学校に行かないからといって、学習ができなくなるわけではない、と知っておいてほしいと思います。

学校に行かない選択をした子のための適応指導教室やフリースクールでもいいでしょう。最近では、不登校特例校という場もあります。子どもに合う居場所や、家庭状況に合うところがあれば、そういった居場所を学びの場として選択してみてください。

なかには、どこかに行くことが困難な子どももいるかもしれません。娘はそうでした。行くということは、連れて行かなければならない親の負担も出てきます。

送迎の必要があることや、子どもが在宅していることで、思うように働けないとなると、世帯収入の減少という問題もおこってくるわけです。しかし、こうした親のハードルをすべての人が理解してくれるかというと、残念ながらそうではないでしょう。

親なのだから何をおいても子どもファーストにすべきという考えが、言わずとも聞こえてくる気がします。子どもは大切で、守り育てるために親は一生懸命です。

生活していくために収入がないと、子どもを守ることができません。切実なこの課題は避けて通ることはできないのです。

親であれば何とかするべきという理想や社会の目が、親を苦しめることがあると思います。「こういうときには、こう指摘されるだろうから、こうしておこう」と常に考え出してしまうと、すごく息苦しくなってしまいます。

学び方には多様な選択肢があるのだと私は思っています。

子どもの学びの方法について悩んだときは、選択肢をリストアップしてみましょう。情報を得るときには、広く集めたうえで、子どもの状況とすり合わせて選んでいきます。そうしてみると、子どもや家庭の条件に合わせてリストから消えていくものもあるはずです。

民間でいうと家庭教師という選択肢もあります。また、不登校の子のための塾なども出てきていますので、家庭の経済状況も考慮して、選択肢として持っておくのもいいと思います。

たくさんある選択肢のなかから、自分のなかで絶対にこれは外せないという部分にフィットするものを、選び取っていくといいでしょう。

わが家は、家で学習するという条件が一番だったので、無学年式のタブレット学習を選択しました。娘が自ら選んだ方法だったこともあって、自主的に継続して取り組んでいました。親も子も居心地のいい選択肢を選んでほしいと思います。

世間からは「不登校は親の育て方の問題」とか「世間がこうだからこうしなければいけない」とか「子どもの偏差値を上げて良い高校に入れるにはどうしたらいいか」など、あれこれ聞こえてきますが、人は人と思っていると、気持ちが楽になります。

いろいろな価値観に振り回されないためにも、「あなたはそういう選択なのですね」「そんな考え方もありますね」くらいの気持ちでいいのではないかと思います。親自身も自分の価値観が明確になっていくことで、納得した選択ができます。

誰かの考えがいいとかわるいということではなく、「いろいろな考えの人たちがいるよね」と思えること。そして、それぞれが選択肢をもって、生きているのだという気持ちでいられることが大事です。

もしも不登校になったら

病気や障がいがあると、季節の変わり目など、体に負担がかかり、毎日の登校すらも困難になってしまうこともあるかもしれません。娘は、体調不良を機にしばらく学校を休んだこともあります。

学校に行けなくなったとき、早めに切り替えて新たな選択をしようと動きました。夫婦で方針を話し合いました。パートナーがわかってくれない、いっしょに考えてくれないという話はよく聞きます。私たち夫婦も子どもをどう育んでいこうかと何度も話し合ってきました。

本格的に学校に行くことが負担になりはじめたころ、娘をまじえて、学校に週何日だったら行けるかを家族会議で話し合いました。本人の意向も含めて、週に2日は学校を休んでいいというルールを決めました。結果、学校にも楽しく通え、体に負担なく学校で過ごせるようになったので、そのときはその対応でよかったと思っています。

中学でも娘は頑張っていたのですが、徐々に心が追いつかなくなり、本格的に不登校になりました。

親はついみんなと同じようになっていってほしいと思うものですよね。私もできれば行ってほしいと思っていました。

優位性に人は焦がれるものなのでしょうか。

みんなと同じ、みんなよりすごいことがあってほしいという思いを手放すことの難しさ、それをひしひしと感じます。

みんなと競争しながら上を目指していくのか、それぞれの子どものペースでやっていくのか、小さいときは親がレールを敷けてしまうので、葛藤があるとは思います。

私もいつの間にか〝普通でいること〟を目指してしまい、普通を手放すということが困難であったように感じています。

でも学校に行くことが普通だと誰が決めたのでしょう？　不登校の児童生徒数が約34万6千人。既存の学校のシステムに悲鳴をあげているのではないでしょうか。

本人が幸せに生きていくために、子どもにとってのベストな選択は何なのか、どんな方法であれば、家庭の状況に合うのかを考える機会を持つことをお勧めします。私も葛藤がありましたが、私のなかでも折り合いがついたとき、穏やかな気持ちになりました。

私には兄がいるのですが、兄は不登校だった経験があります。高校を中退し、しばらく引きこもっていましたが、私が大学に合格したときに「もう一回高校に行ってみようかな」とぽつり。

日中は働きながら、定時制高校に1年生から入り直したのです。成人してからの入学だったため、まわりより年上ですし、頼りにされて生徒会に入り、楽しんでいました。妹の私から見ても、遅れてきた青春を謳歌しているなと感じられました。

もちろん今、仕事をしていますし、日常生活を楽しんでいます。そんな兄の姿は「いつかは歩み出していけるのだ」と、私に思わせてくれました。この出来事が、娘に学校に無理して行かせる必要はないのではないか、と考えることができた根底にあるような気がしています。

私には、学校に行くことにこだわらないという考えの背景になった出来事がもう一つあります。

子どもが家にいると何かと大変ですし、仕事もあります。私もできれば学校に行ってほしいなとずっと思っていました。そんなときに、長女の命に関わるような発作がおきてしまったのです。

PICUに10日間。毎日「どうか危険な状態から脱しますように」と祈っていました。そのなかで私が改めて思ったことは「命があることはなんとありがたく、素晴らしいことなのだろうか」ということでした。元気にしていれば、ついつい望みは大きくなるけれど、どうか生きてほしい、そう願いました。

思春期になった次女が、学校に行かない長女を見て、自分も学校に行きたくないと言うようになっていました。なぜ長女が学校に行かないのかについて、病気のことも含めて事情は説明していました。

言葉では理解していても、普段は元気にしている長女を見ていると、そんな大変な病気を抱えているという実感がきっとなかったのだと思います。

しかし、突然の入院で、私たち親も慌てていたり心配している様子を目の当たりにして、「私は今までちゃんとわかっていなかった」とポロポロ涙をこぼしたのです。

その日から次女は学校に行きたくないと言わなくなりました。今では、自分の人生をちゃんと歩いているように感じています。学校では立候補して生徒会の副会長になりました。「自分がやりたいことをやる」、それが次女の選択した道なのだ、と日々思う場面があります。

学校に行かないことで先の見通しがつかず、私もどうしたらいいのか悩んでいましたが、自宅で学習生活をする選択肢を、頭ではなく心がOKと思えるようになりました。その頃にはきっと娘たちにとって家が安心できるところになっていたと思います。

学校に行かないのは、失敗や負けではなく、選択です。

学校以外で学ぶ方法

不登校を選択した場合〝学びの保障〟を学校以外で考えていくことになります。日本では、子どもに義務教育を受けさせる義務があります。

わが家は心の健康と、自宅で自分に合った方法で勉強をするということを優先しました。元気になってきてから、勉強の方法はいろいろあるということと、何らかの勉強はしたほうがいいと思っていることは伝えました。

義務教育の学びは必要だと思うと前置きしたうえで、

1. タブレットを使った通信教育
2. フリースクールに行って勉強する
3. 行政でやっている学校外の教室に行く（不登校支援）

という選択肢を出しました。

「どうしたい？」と聞くと、本人が選んだのはタブレット学習でした。そこから「じゃあどれにする？」と、無学年式（在籍している学年にかかわらず、わからないところをさかのぼったり、わかるところは学年を越えて進められたりするシステム）、不登校向けに作られている通信教育の二つに絞ってから、また確認をしました。

そこから今度はどれにするか選ぶために、実際に本人が体験してみて、最終的には自分で決めました。

学習計画も娘が自分で決めて、ほぼ毎日、自主的にやっていました。本人もいちいち親に言われたくないと思いますし、私も仕事があり、子どもの学習頻度やスピードをすべて把握し、管理するのは現実的に難しい。

そこで「自分で決めてやってもらいたいけど、どうかな？」と聞いてみました。おそらくすべて自分に合ったやり方に自然となっているように感じます。

アプリから進行状況が確認でき、出席認定のため月に一度、通信教育の会社から学校と私宛に、学習状況の報告メールを送ってもらいました。

私が管理していなくても、毎日取り組んでいる現状を見ていて、やはり自分で決めるというのは、それだけの力があるということです。

また授業には出ないけれども、オンラインなどでつないでクラスの様子などを見ながら、勉強するということも今はできるかと思います。それも**誰かが強制するのではなく、子ども本人がどうしたいのかを決めるのが大事**だと私は考えています。

親ができるのは選択の過程に寄り添うこと

今は誰でも必要な情報をネットで掴み取れる時代になりましたが、情報を得るといった場面では、こんなことがありました。

通信教育教材の申し込み時に、受講理由の不登校という項目にチェックを入れていたのですが、すると驚くことに教材と一緒に文科省から出ている情報や、学校に出席認定を要望するときにどうしたらいいのかが書かれた書類が送られてきたのです。

保護者だけではなく、出席認定に関することなどは、娘のときは学校の先生で対応が可能であることを知らない方もいたため、親としてもっと早く知ることができたら、助かったと思います。

出席認定に関しては賛否ありますが、個人的には強くこだわる必要はないかなと思っています。学校に行かなくても本人が勉強していることを、親としては、なにかしらの形で認められることができればと思っていました。

評定がつくつかないは別としても、やはり本人の頑張りをかたちにできる一つと私は思っています。それがプレッシャーになる要因であれば、無理にする必要はありません。

いつも子ども自身の気持ちを確認しながら会話をしたいと考えています。それが時に人と違っていても、親子で納得して決めたことが大切です。

先生の言っていることが必ずしも正解というわけでもない、という視点を持ってもいいのかもしれません。それは保護者も同様です。自分の考えに固執しない柔軟性も大切ですよね。

まずは「うちの場合はこうしたい」ということをお伝えする。そのうえで「どうですか？」とお伺いを立ててみるといいかもしれません。そして協力して子どもの環境を整えていきましょう。

敵対してしまって連絡をとらないという状況は、子どもにとってもやはり良くはありません。必要な協力体制を築くために学校や先生と対話をしていくことも、親ができる寄り添いの形なのではないでしょうか。

高校進学　通信制高校という選択肢

現在は高校進学についても選択肢が広がっています。

通信制高校も盛んになってきていますね。それも一つの選択ですし、長期欠席の経験のある生徒を受け入れるチャレンジスクール（東京都）や、入試概要に「長欠等について審議の対象にしない」と記載している高校が出てきています。

子どもの進路について担任の先生に相談したり、都道府県のホームページなどを閲覧したりして情報を得ていくことが大事です。

通信制高校には公立、私立、広域、狭域などさまざまなところがあるので、説明会に参加して決めましょう。通い方などはもちろんですが、サポート校（通信制高校を卒業するまでサポートする民間教育機関）を利用するか、なども考える必要があります。親も一緒に調べるけれども、選ぶのは子どもなのだというスタンスが大切なのかなと思います。

子ども自身で行きたい学校について調べる手助けができるといいと思いますが、そのうえでの判断ポイントとして、親の立場から見て「ここは大事」だと思うことと、子どもの気持ち、「あなたはどうしてこの学校を選んだの？」という部分を子どもと対話しながら選ぶことをお勧めします。

何を第一に考えるのかも大事ですね。安心感なのか、通いやすい近さなのか、サポート体制なのかなど、考えていきましょう。

娘と一緒に見学に行ってみてわかったことは、親の見ているポイントや考えと、子どもの希望は必ずしも一致するとは限らないということです。

本人の考える学習の仕方のイメージや、高校卒業後の進路への考えも、新たな発見がありました。もちろん今後のことはわからないので、将来の選択は変わってくるかもしれません。

子ども自身のなかでもこれが自分に合っている、これは合わないという、意思がはっきりあるわけです。私は娘の気持ちを確認したうえで、尊重しました。その段階でお互いに思い描いていることを共有し合うことが重要かもしれません。

本人の意見を十分に聞くことで、進学したあとも、自分で選択した進路であるとの自覚をもつことができるのではないかと思います。この過程が自分の選択した道に責任をもつことにもつながってくれるのではないでしょうか。

高校選びに関しても子どもに選択してもらうことが大事だとはいえ、まだ親の見解やアドバイスが必要な部分もあると思います。

理解が難しい学習に対するサポート体制であったり、テストやレポートの提出方法、先生や学校の雰囲気、子どもの病気や特性などについての理解度だったり、親だからこその視点で確認できることも多いと思います。状況に合わせて親子での意見のすり合わせも行ってみてください。

通信制高校は単位制なので、単位の取り方は、テスト、スクーリングへの出席、レポートです。大学受験を考えている場合は早く単位を取得し、受験対策に力を入れるパターンもあるようです。どこを目指すのか、何を目標としていくのかを踏まえて、進学後の学び方を柔軟に考えられるのも、通信制高校の強みかなと思います。

夏や秋にプレ入試などがあり、1月になると入学するための手続きを開始する学校があります。ギリギリでも教室に空きがあれば入れますが、早くから急かす学校もあります。そのビジネス色が強い風潮は、私はどうなのかなと感じるところです。進学先が決まると安心しますが、じっくり検討しましょう。

途中で普通高校から通信制高校に切り替えるお子さんもいますよ。

それぞれ、校風や特別活動の単位の取り方の違いが大きい気がします。

特別活動の時間数について、近場への旅行や遠足で単位を補うなど、実施方法がその学校によって違うので、選択のポイントとして確認しましょう。雰囲気が学校ごとに違うので、やはり見学は必須です。できればそのときに、学費の見積もりをしてもらうといいと思います。

本人の希望を確認しながら、親子で何度も意見交換して納得できる選択をしましょう。

子どもの状況や障がいによっては、特別支援学校高等部や高等特別支援学校という選択肢も出てきます。

高校の卒業資格を得られないことや、大学等に進学する道が少なかったり、通常の授業ではなく就労に特化した学習がメインになり、実習に力を入れていたりするところなど、通常の学校とはまったく違うようですので、リサーチが必要です。

インクルーシブ教育とは何か

私は〝こねくと〟という、インクルーシブ教育をともに考え、共有、実践していこうというグループを学校の先生や、教育関係者と立ち上げて運営しています。そのなかの仲間で、バンクーバーで留学サポートやインクルーシブ教育研修をしている高林美樹さんと出会いました。

カナダは人権意識が強く、国全体がインクルーシブな社会なのだそうです。語弊があるかもしれませんが、「いろんな人がいるよね」という意識がとても強く、学校も日本とはだいぶ異なっているそうです。

日本では、学校というと、みんな黒板のほうを向いて座っているというイメージですが、どうやらカナダはそうでもないらしいのです。日本の教育を考えるとき、海外、とりわけカナダなどのインクルーシブ先進国の実践にふれるのは有意義だと思います。

私たち日本人は、人権を勝ち取ることを意識したことはない方がほとんどです。人権や権利というと、マイノリティと言われる方が使う認識の方が多いのではないでしょうか？カナダでは、かつての差別的な政策などから変化していく過渡期がありました。すべての人が〝人権〟を意識していて、相手のことももちろん尊重しているのです。人権を尊重することが国家のアイデンティティとも言えるそうです。

私たちは〝あなた〟も〝私〟もお互いの権利を守るという意識を持っているでしょうか？

自分自身の権利だけ守りたいと思っている人が増えているとしたら、それは人間としての成長と逆行していると感じます。

インクルーシブ教育が当たり前に行われているカナダは、障がいの程度にかかわらず、同じ教室で学ぶ体制が整っています。

人権意識の高さは、罰則や世論にも影響を与えています。教師がもし差別的な発言をした場合は、罰則があるのだそうです。

日本だと何かばかにされた発言があっても、笑って許すように強要さえされるような風潮があると感じるのは私だけでしょうか？

体形や肌の色などの容姿に関わることなどを、おもしろがって話題にされるようなことがあった場合、笑って済ませるようなことは、本来、許されることではありません。場を盛り上げるために笑い者にすることもされることもあってはならないのです。

カナダの人権意識に学ぶことが大いにあると感じています。そして、この人権意識が、子どもには学ぶ権利があり、声をあげていいのだという当事者への力を与えているのだと思います。

日本では、声をあげること自体、はばかられることが多いです。ギリギリまで我慢したり、いざとなると、たたかうしか道を開く選択肢がないということも。

すべての人の権利を認め、共生していく社会に向けて、カナダの歩みについて学ぶことが、日本でなかなか進まない課題を解決するための手立ての参考になるのではないかと思います。

残念ながら日本では、障がいを持つ子どもへの人権意識が薄く、すべての子どもが有しているはずの権利を意識している人が少ないように感じます。どんな子でも、支援が必要で、個別最適化を進めることは、すべての子どもに有益なはずです。

学校は社会の縮図と言われます。学校での子どもの立ち位置や、周囲の目は、そのまま社会に反映されています。学校全体の仕組み、指導要領、授業のしかた、高校受験、子どもへの評価など、社会全体での根本的な解決に向けて行動していくことが大切です。

コラム

子どもの権利条約とこども基本法を知ろう

「子どもの権利条約」と「こども基本法」を知っていますか？

子どもの権利条約

１９８９年に子どもの権利条約が国際連合の総会で採択され、１９９４年に日本が批准しました。そのなかで次の４つが子どもたちが持つ基本的な権利の柱とされています。

- 差別の禁止（差別のないこと）

すべての子どもは、子ども自身や親の人種や国籍、性、意見、障がい、経済状況などどんな理由でも差別されず、条約の定めるすべての権利が保障されます。

- 子どもの最善の利益（子どもにとって最もよいこと）

子どもに関することが決められ、行われるときは「その子どもにとって最もよいことは何か」を第一に考えます。

• 生命、生存及び発達に対する権利（命を守られ成長できること）

すべての子どもの命が守られ、もって生まれた能力を十分に伸ばして成長できるよう、医療、教育、生活への支援などを受けることが保障されます。

• 子どもの意見の尊重（子どもが意味のある参加ができること）

子どもは自分に関係のある事柄について自由に意見を表すことができ、おとなはその意見を子どもの発達に応じて十分に考慮します。

（ユニセフWEBサイト掲載の「子どもの権利条約の考え方」より抜粋）

子どもたちが自分らしく成長し、幸せに生きることを保障するのが「子どもの権利条約」です。

こども基本法

日本国内で、子どもに関する施策を総合的に推進するために、2022年に制定された新しい法律です。この法律は、右記の「子どもの権利条約」を基に、六つの基本理念を掲げています。

1 すべてのこどもは大切にされ、基本的な人権が守られ、差別されないこと
2 すべてのこどもは、大事に育てられ、生活が守られ、愛され、保護される権利が守られ、平等に教育を受けられること
3 年齢や発達の程度により、自分に直接関係することに意見を言えたり、社会のさまざまな活動に参加できること
4 すべてのこどもは年齢や発達の程度に応じて、意見が尊重され、こどもの今とこれからにとって最もよいことが優先して考えられること
5 子育ては家庭を基本としながら、そのサポートが十分に行われ、家庭で育つことが難しいこどもも、家庭と同様の環境が確保されること
6 家庭や子育てに夢を持ち、喜びを感じられる社会をつくること

（こども家庭庁ＷＥＢサイト掲載の「こども基本法とは?」より）

子どもは弱く、守られるだけの存在という認識ではなく、子ども自ら考えて意思表明し、主体的に行動する権利を有する者だということが示されています。

子どもたち自身が自主性をもつことの重要さ、大切にされながらも自分の意思をもって、幸せに生きていく権利が自分にもあるということを知ることが大事です。

私たち親ももちろんですが、子どもに関わるすべての大人たちが、子どもや若者の視点に立って社会環境を作っていくことが重要です。そういった意識をもって、日々、子どもたちと関わることが何より大切なのではないでしょうか。

わが子たちが、笑顔で幸せな人生を歩んでいってくれること、それがすべての親の願いですね。

子どもの権利条約はユニセフのホームページ、こども基本法はこども家庭庁のホームページにわかりやすく説明が掲載されています。子ども向けにもわかりやすく解説されていますので、お子さんと一緒に見てみるのもお勧めです。

第7章

高校生活から成人後をどうサポートしていくか

社会に出た後の居場所作り

高校（全日制、通信制）、特別支援学校高等部、高等特別支援学校の選択

やがて迎える小学校や中学校の卒業。喜ばしい反面、本人も親も将来についての具体的な不安や悩みも出てくると思います。義務教育期間の後をどうしていくか、考えている方も多いはず。

まず頭に浮かぶのが高校進学ではないでしょうか。病気や障がいの有無にかかわらず、現在の高校進学は私たち保護者が経験したものとは変わってきているようです。

進路選択は、本人の希望と保護者の意見をすり合わせながら、子どもの状態に合った支援の充実度や将来の目標を考慮します。学校見学や相談を通じて最適な選択をすることが大切なのは、皆さんご存じの通り。本人の希望を引き出し、志望校を選び、受験と、やきもきする時期ですね。

近年では通信制高校やサポート校の増加によって、選択肢が広がっており、特別支援学校高等部に進学する割合は減少傾向にあります。また特別支援学級のある高校や、受け入

れに柔軟な私立高校なども出てきていることから、全日制高校への進学を希望する生徒が増えているといった現状もあります。

ここでは病気や特性を抱える子どもたちの進学先として、全日制高校・通信制高校・特別支援学校高等部・高等特別支援学校の四つの選択肢を挙げたいと思います。

それぞれ異なる特徴や保護者視点でのメリット・デメリットなども交えて、一つずつ紹介していきたいと思います。

1 全日制高校（普通高校）

一般的な週5日登校、対面授業を受けながら3年間で卒業を目指す高校です。部活や学校行事を通じて友人関係を築きやすく、社会性が身につきやすいといった印象もあります。大学や専門学校への進学が多く、進学・就職の選択の幅も一番広いです。また、まだ一部の高校ですが、合理的配慮や通級指導などを利用できる学校もありますので、子どもの状況に応じて利用していくのも一つの手かもしれません。

基本的には他のお子さんと一緒に学校生活を送りますので、授業の進度についていけなかったとしても、学習面での手厚い個別的配慮を受けることは難しいかもしれません。規則正しい学校生活が求められるため、病気や特性の影響で通学が困難な場合は負担が大きい子もいるかもしれないですね。長期欠席が続くと、単位取得や卒業ができなくなることもあるので、通学範囲をよく考えたいです。

全日制高校への進学を考える際は、公立高校にするのか私立高校にするのかも考えてみましょう。

・公立高校

都道府県や市区町村が運営している高校のことです。定時制・通信制を設けているところもあります。入試は学校によりますが、学力重視のため、病児・障がいがある子にとっては少しハードルが高い場合もあります。

・私立高校

学校法人が運営している高校のことで、カリキュラムや教育方針が学校ごとに異なります。一般の進学校のほかにも、地域による差はありますが、サポート体制が整った、発達障がいを持つ生徒向けの学校も増えてきています。

柔軟な教育方針を持つ学校も多く、個別対応をしてもらえたり、独自の推薦入試やAO入試を実施していたり、受験時の配慮もされている学校があります。

ただ学校ごとに方針が異なるため、子どもに合うかどうか慎重に考えたいです。

特別支援学級に在籍している場合でも、公立高校を受験することは可能です。しかし、特別支援学級は評点基準が異なります。公立高校を受験する場合は、入試の学力に加えてこの評定が大きく関わってくるため、特別支援学級在籍の生徒たちにとっては不利になってしまう可能性があります。

高校を視野に入れている際は、中学校で通常級に在籍しておくなど、小学校高学年のうちから先の進路を考えておく必要があるかと思います。

私立高校は独自の方針や受験方法をとっているため、気になっている学校については一度調べてみましょう。

② 通信制高校

自由度が高く、登校日が少なくてもよく、自宅学習もしくは、サポート校（通信制高校の生徒の学習支援をするところで、塾や予備校などが運営していることが多い）での学びを中心に単位取得を目指す高校です。

基本的にはスクーリングと呼ばれる、学校や指定される会場で先生より直接指導を受ける日が年数回程度あり、レポート提出やテスト受験が必要になります。通学頻度が少ないため、体調に合わせて自宅で学習でき、長期療養中であっても学習を継続しやすいことが特徴です。ただし、スクーリング会場が遠かったり、合宿があったりする場合もあります。

柔軟な個別対応が可能な学校が多く、学習のペースを自分で調整でき、自分のペースで高校卒業資格を取得できます。

最近ではサポート校も増え、通信制高校に入学するのと同時にサポート校に入ることも多いようです。サポート校に入る場合、サポート校経由で通信制高校を選ぶというスタイルをとっています。広告や検索でみると、サポート校なのか、通信制高校なのか、見分けがつきにくいかもしれません。

単位取得のためのサポートを受けるだけでなく、大学や専門学校への進学を目指すことも可能です。早めに単位を取り、大いに進学に向けての勉強ができます。

その反面、自主学習が中心となるため、主体的に勉強できないと単位を取得できない可能性があるのが難点かと思います。お子さんの状況によっては学習の継続が難しい場合もあります。そのために、自宅から通いやすいサポート校に通う子が多いようです。

学費やサポート体制、スクーリング会場がどこにあるかなど、学校によってまったく違うので、検討するときは、説明会に参加しましょう。

3 特別支援学校高等部（視覚障がい、聴覚障がい、知的障がい、肢体不自由または病弱者）

特別支援学校に設置されている高等部で、主に知的障がいや肢体不自由、病弱の生徒が対象となっています。発達障がいは条件に含まれていませんが、知的障がいなど他の障がいを伴っていれば対象となります。

一般的な学習に加え、作業学習や職業訓練、生活自立のための指導などが行われ、卒業後の就労や生活に向けた準備がしやすくなります。進路のサポートも充実しており、福祉的就労や就労支援制度を活用しやすくなっています。

一人ひとりの障がい特性や程度に応じた教育や、少人数制での手厚い支援を受けられるため、学習の遅れや困難があっても無理なく学べることが特徴です。社会生活に必要な生活習慣・金銭管理・公共交通機関の利用方法なども習得でき、生活スキルの向上も目指せます。

個別の支援が充実している一方で、一般の学校のカリキュラムとは異なるため、一般高校に比べて学習の進度が遅れたり、学習内容が制限されたりすることがあるようです。大学受験資格は得られますが、高校卒業資格を得ることはできないため、卒業後は進学の選択肢は限られます。

主に福祉的就労や作業所で仕事をすることが多いようです。また、一般の高校生とは異なる環境で学ぶことで、社会との接点が減るといった面もあります。

④ 高等特別支援学校（主に軽度の知的障がいのある生徒向けの職業教育中心の学校）

地域によって呼び方がさまざまあるようですので、ここでは特別支援学校高等部と区別するため高等特別支援学校と記載しています。

高等特別支援学校とは、特別支援学校のなかでもとくに職業教育に重点を置いた学校です。主に知的障がいのある生徒が対象となり、実践的な職業スキルを身につけることが目的となっています。入学には基本的に受験する必要があり、学力検査や実技テスト、面接などがあります。

学校の比較表

学校種類	学習スタイル	学費	進学の可能性	就職の可能性	特徴
全日制高校(公立)	週5日登校、対面授業、進学・就職の選択肢が広い	低い	大学・専門学校進学が多い	幅広い職種に就職可能	規則正しい生活、一般的な高校生活、単位取得が必須
全日制高校(私立)	週5日登校、柔軟な教育方針、特別支援の対応が充実している場合も	高い	大学・専門学校進学が多い	幅広い職種に就職可能	特別支援の体制が整った学校もあり、進学の選択肢が広い
通信制高校	自宅学習中心、スクーリング、サポート校の利用も可能	学校による(サポート校は追加費用あり)	大学・専門学校進学可能だが自主学習が必要	学習次第で一般企業も可能	登校頻度が少なく、体調や特性に合わせた学習が可能
特別支援学校高等部	個別支援、生活・職業訓練、学習進度が一般高校より遅れる	公立のため低い	大学受験資格はあるが、進学先が限られる	福祉的就労が主流	少人数指導、生活スキル向上、福祉的就労に向けたサポート充実
高等特別支援学校	職業教育中心、企業実習・作業学習、実践的スキル習得	公立のため低い	高校卒業資格なし、進学はほぼ不可	障害者雇用枠が中心、企業連携が強い	職業訓練重視、企業との連携があり、卒業後の就職率が高い

学校にもよりますが、学力検査の点数だけではなく、さまざまな作業の実技テストの様子も重視されたりするので、事前に練習や準備をしておく必要があるかもしれません。

原則、知的障がいのあるお子さんが対象ですので、学力に遅れのない生徒の入学は、現段階では困難となっています。

通常の学校にはない職業訓練を受けることができ、企業実習や作業学習を中心にしたカリキュラムが充実しており、社会での自立を目指しやすくなります。

生徒一人ひとりに合わせた支援があり、就労サポートも手厚く、卒業後の雇用が比較的安定しやすいといった特徴もあります。企業とのつながりが多いこともあり、卒業後の就労につながりやすくなっています。

企業と協力した職業訓練も多く、特別支援学校と比べ、より実践的なスキルの向上を望めますが、進路は障害者雇用枠を基本とした就職が主となるため、一般枠の選択肢が狭まる可能性はあります。

職業訓練が中心となるため一般教科の学習機会が少なく、高校卒業資格が得られないので進学の選択肢がほとんどありません。大学進学などを目指す場合には適さないかもしれません。

通学範囲が広くなることがあり、通学に負担がかかる場合もあります。病児や障がい児にとっての進路選択は、体調や学習スタイル、将来の目標によっても大きく異なってきます。

高校を中退した子や、中学卒業後、高卒資格が得られない道を選択した子も、状況によっては高卒認定試験（高等学校卒業程度認定試験）を受けるのも一つの方法です。通学の負担や自己管理の必要性なども考慮しながら、病気や障がいの状態に応じた適切な進路を選び、無理なく学び続けられる環境を整えることが大切です。**親の実質的な負担や経済的なことも考える必要があります。子どもにとってよりよい選択肢は何なのかを、家族で一緒に考えていけたらいいですね。**

就労のために知っておくべきこと

まだわが家は子どもの就労の経験がないので、病児や障がいのある子の保護者が、子どもの就労に向けて知っておくべきポイントを、福岡市発達凸凹研究室代表の椛嶋友佳里さんにお聞きしました。

就労を考える際に頭に浮かぶのは、障害者雇用枠で応募するか、一般雇用枠で応募するか、ではないでしょうか？

障害者手帳の有無によって就労時の状況は変わってきます。就労に差は出るのか、どういった支援が受けられるのかを知っておくことは、将来就労を考えるときにも一つの目安になるかと思います。

障害者手帳は、障がいのある方が公的な支援や配慮を受けるための証明書とも言えます。病気や障がいを持っての就労となると、まわりの理解や配慮が必要になってきます。手帳があると、自分の病気や障がいについて説明しやすくなりますし、相手も何かと配慮しやすくなります。

手帳の有無によって、デメリットもあるため、自分に合った方法はどれなのかを十分に考えて活用することが重要になってきます。

障害者手帳を持っていることでの一番のメリットとして挙げられるのが、企業の障害者雇用枠での就労が可能になることです。企業は障がいに応じた合理的配慮を提供する義務

があります。

勤務時間の調整や業務内容の工夫、働く職場環境の整備などの支援が必要なのかの面談を行う企業が増えてきています。大きな企業では整備が進んでいますが、中小企業ではこれからというところも多いのが現状かと思います。

一方で手帳を利用しないことでのメリットというものもあります。手帳を利用しないことで、一般雇用枠の求人に応募することが可能になるため、職種や業務内容の選択肢は一気に広がります。障害者雇用枠に比べて、給与や昇進の機会は一般雇用と同じため、キャリアアップの可能性も高くなります。

また企業に障がいを申告する必要性がなくなるため、障がいに関する偏見や差別といった問題も起きにくくなります。障害者手帳を利用しないことで、他の従業員と同じ基準で評価されるといった点では、本人のモチベーションにつながることも期待できます。

障がいのある方にとって、業務の負担や環境のストレスが大きい場合、職場環境によっては結果的に長く働き続けることが難しくなる可能性も出てきます。

どちらがいいかは、それぞれの障がいの程度や働き方の希望によって異なるため、自分にとって最適な働き方は何なのかを考えたうえで判断することが大切になります。手帳を取得していても、企業への開示は必須ではありません。開示については、必要に応じて選択ができるため、状況を見てどうするのか、柔軟に考えましょう。

幼い頃からの興味や好きなことがあれば、そこから適性を見極めて将来の仕事につなげていけそうか、現実的な方向性はあるのかをぼんやりとでも考えておくと、後々、就労の方向性を考えるときの指標になるかもしれません。

就学期になって特別支援学校などに進学した場合は、もし機会があれば職業訓練やインターンシップなどをぜひ活用してみましょう。現場の様子を知ることで、将来の展望が描きやすくなります。

服薬・休息の取り方など、自分に合った体調管理もできるようになっておくと、仕事だけではなく、生活面でもたいへん役に立ってくるのではないでしょうか。

以降に就労の主な選択肢を参考までに挙げてみます。

❶ 一般就労

ハローワーク、障害者職業センター、就労移行支援事業所などを介して、企業で障害者枠または一般の枠で働くこと。

職場の合理的配慮（勤務時間、通勤、業務内容の調整）が可能か確認しておきましょう。

❷ 福祉的就労（障害者総合支援法に基づく）

- 就労継続支援A型（雇用契約あり）、最低賃金が保障されます。
- 就労継続支援B型（雇用契約なし）、作業時間が短く、体調や能力に応じて働けます。工賃（給与）は低めですが、就労経験を積むことができます。

❸ 在宅就労

体調管理が難しい場合、現在ではリモートワークや在宅ワークの選択肢も視野に入れることができます。

相談可能な支援機関と支援事業

病気や特性による障がいがある場合、働くことやそれに付随するさまざまな場面で支援が必要になってきます。年齢が上がっていくと、親が関わることはどんどん減っていきます。大人になっていくにつれ、子ども自身で第三者の力を借り、相談をしていくことができると安心できます。慌てないためにも、**どういった相談機関や支援事業があるのか、就労の時期が来る前から知っておくと便利です。**

ここでは主な支援機関や支援事業をまとめましたので、参考にしてみてください。地域によっても違いがあるので、お住まいの都道府県や市町村のホームページなども併せて検索してみましょう。

1 公的機関の支援

まずは公的機関の支援を検討してみることをお勧めします。地域によって内容に差はあるかもしれませんが、困ったときに無料でさまざまな相談やサポートを受けられるので、知っておいて損はありません。

●ハローワーク（公共職業安定所）

ハローワークには、障がい者専門窓口が設置してあります。障がい者向けの職業相談や職業紹介、職業訓練の情報提供を行っています。障がいの種類・程度に応じたきめ細かな職業相談・紹介、職場定着指導なども実施しています。「障害者トライアル雇用制度」などの支援制度を活用することも可能です。

●地域障害者職業センター（独立行政法人 高齢・障害・求職者雇用支援機構）

障がいのある人が就職や復職を考える際に、無料で職業指導や職業準備訓練、職場適応援助などの専門性の高い支援を受けられる施設です。全国の各都道府県に最低1か所ずつ設置されていて、厚生労働省が定める研修や試験を修了した障害者職業カウンセラーや、相談支援員、ジョブコーチ等が配置されています。

センターの利用に、障害者手帳の有無は問わないため、診断書がある方、もしくは障害者手帳申請中の方なども対象になります。

利用できる支援制度の多くが、障害者手帳が必要です。対象になるかわからない方も、問い合わせてみましょう。

・障害者就業・生活支援センター（なかぽつ）

障がいがある人が仕事や生活に関することを相談できる施設です。就職の相談から、就職準備支援として面接の練習やビジネスマナーを身につける講習、職業実習のあっせん、職場定着支援、事業主に対しての雇用アドバイス、その他の関係機関との連絡調整が役割です。利用は無料ですが、継続利用には登録が必要となります。

原則15歳以上65歳未満の方が対象です。住まいの近くのセンターが担当センターとなります。

2 その他の支援機関・制度

・発達障害者支援センター

発達障害者支援センターは、地域における発達障がいに対する取り組みを総合的に行う拠点として設置されています。

発達障がいのある方やその家族からの相談対応、専門的な発達支援と就労支援、関係機関との連絡調整などを実施してくれます。

医療・保健福祉・教育などの関係機関と連携して、障がいや病気を持つ方々の学齢期から就労を考える時期、そして就労をしてからの相談も受け付けてくれます。

●障がい者就労支援のＮＰＯ・民間団体

さまざまな団体があり、一般企業での就労が難しい人向けの支援活動を実施しています。年齢制限があることもありますが、就職支援や職業訓練、キャリアカウンセリングなどをしている民間団体やＮＰＯなどがあります。

企業や民間サービスでも面接対策や履歴書添削などに対応してくれるケースも出てきているようです。

本人の状況により、福祉的就労支援（障害福祉サービス）で就労する場合があります。福祉サービスとつながっている場合、相談支援専門員に相談します。担当の方がいなければ、役所で相談支援事業所を紹介してもらいましょう。

●就労移行支援事業所

就労移行支援事業所とは、障がいのある方が一般企業への就職を目指すための支援を行っている事業所になります。具体的には、職業訓練や職場実習、就職活動のサポート、就職後の定着支援などを受けることができます。

原則として18歳から65歳の方の利用となっていますが、特例として特別支援学校の高等部に通っている場合など、自治体の判断によっては18歳未満でも利用が認められることがあります。地域によって違いますので、確認する必要があります。

また、通所できる期間も最長2年と限られているため計画的な利用を考える必要があります。

難病を抱える方たちに向けた就労支援もご紹介します。

各都道府県でさまざまな取り組みが行われていますが、具体的な支援内容は地域によって異なりますので自分の地域で確認しましょう。

●難病相談支援センター

難病患者やそのご家族の相談窓口として、多くの都道府県で「難病相談支援センター」

相談先の一覧

相談先	支援内容
ハローワーク（公共職業安定所）	障がい者向け職業相談・職業紹介・職業訓練情報提供、職場定着指導など
地域障害者職業センター	就職・復職支援、職業準備訓練、職場適応援助などの専門的支援
障害者就業・生活支援センター（なかぽつ）	職業訓練機関の紹介、生活支援・就職支援の相談窓口
発達障害者支援センター	発達障がいに関する相談対応、発達支援・就労支援、関係機関との連携
障がい者就労支援のNPO・民間団体	就職支援・職業訓練・キャリアカウンセリングなどの支援
難病相談支援センター	難病患者や家族向けの医療・福祉・就労相談支援

が設置されています。主に医療や福祉に関する情報提供や、就労に関する相談支援などを行っています。

考えておきたいお金のこと

将来のお金については誰しも不安になりますよね。親がいつまでも子どもに手をかけてあげられるわけではありません。特に病気を抱えている場合、いつ手術や入院になるかわからないといった不安が常にある方もいると思います。

治療にかかるお金も切実な問題としてせまってきます。子どもたちが自立して生きていけるよう助けになる公的な制度を知っておきましょう。

障害年金は、病気や障がいによって生活や仕事が困難な方に支給される公的年金です。老齢年金とは異なり、障害基礎年金（国民年金）と呼ばれるもので、生まれつきの疾患や障がい、小児期に発症した病気など、20歳前から障がいがある方も対象となり、20歳の誕生日以降に請求することができます。

障害年金を受給するには、いくつかの条件を満たす必要があります。障がいの程度が、障害等級1級または2級に該当していること。加えて病気や障がいの原因となった症状で、最初に医療機関を受診した日が特定できることも必要です。

申請時期になって、最初に受診した病院がすでになくなってしまっている場合もあるようですので、どこの病院だったのかわかるように、最初に受診した病院の診察券やカルテ、診断書などを保管しておきましょう。

申請する際には、これまでの病歴や障がいによって困った事柄などを記載する必要もあるため、保護者が記録しておくことをお勧めします。

受給金額については年度によって変動がありますので、適宜チェックしてみましょう。

手続きが難しい場合は役所に相談してみましょう。特別支援学校や保護者の会などで定期的に勉強会などが開催されることもあります。具体的な情報や実際に受給されている方の話を聞いてみたいときは、参加してみるのもいいと思います。
手続きに関しては社会保険労務士に依頼することも可能です。

小児科から成人診療科に移るときの注意点

病気や医療的ケアが必要な子どもたちの場合は、小児科から成人診療科への移行といった課題があります。体の成長や変化に伴い、適切な医療を受け続けるためにタイミングを見て成人診療科を検討していきます。

移行期は個人差があるため、一概に何歳になったら移行すべきという決まりはありませんが、病気の状態、病院や医師の判断、親や本人の意向も踏まえたうえで段階を踏んで考えていくようです。

大人の診療科に移るのは少し不安ですよね。わが家は移行期に向けた準備をしているところです。そこで、円滑に移行するためのポイントや注意すべきことをまとめました。

小児科は成長期の子どもの体や発達に合わせた治療を行っていますが、成人診療科では大人の体に合った治療や管理を受けることができます。

大人になると、これまでとは違ったリスクも考えながら治療を進める必要が出てくることもあります。そのため、小児科では対応が難しくなることもあるようです。

将来を見越して自分で健康管理ができるように準備しておく必要も出てきます。移行のタイミングは状態によっても異なりますので、主治医と相談しながら、ベストな時期を決めていきましょう。

小児科から成人診療科へスムーズに移行するためには、子ども自身の気持ちの切り替えも必要になってくるため、いきなりではなく、計画的に進めておくことが大切です。

●どんな病気なのか？
●これからはどんな治療が必要なのか？
●この薬は何のために飲んでいるのか？

などを知っておくことで自分で管理がしやすくなります。

移行期の準備として、小児科の主治医に子どもが理解しやすいように病気について改めて説明してもらうのも一つかもしれません。心配させたくない気持ちもありますし、先天性の病気の場合、ずっと通院しているので、あえて説明するという機会を逃していることもあるかと思います。

医師からの話は、親とはまた違った医療的な観点で、子どもも感情整理につながるのではないでしょうか。

主治医と保護者が意思疎通できているかどうかは、子どもへの話をしてもらうなかで重要なことと思いますので、何か心配事があれば手紙を書いて渡すなど、事前に共有しておくといいかもしれません。

心配になるのが、どの病院の成人診療科（心臓外科、循環器内科、内分泌内科など）に移るのかということだと思います。大きい病院であれば同じ院内にある場合もあるかもしれませんが、こども病院の場合など、別病院になるため、事前に確認をすると安心できるのではないでしょうか。

病院によっては、「移行外来」という移行サポートをしてくれるところもありますので、検討してもいいかと思います。

病院や医師が変わることで不安もありますよね。今後、安心して通えるようにスムーズに移行できるようサポートしたい時期です。病院が変わる場合は、診察情報を引き継ぐための「紹介状」を持って、電話予約のうえ新しい病院に行きます。

小児科から成人診療科への移行期に当たる思春期は、体の成長やホルモンの関係で、病児にとっては体調が変化しやすい時期でもあります。

成長すると子ども自身も、まわりの他の子と比べることができるようになったことで、さまざまな感情が芽生えてきます。小児科から成人診療科への移行だけではなく、親も子も相談できる別のつながり先を見つけておくこともありなのではないかなと思います。

「親なき後問題」を考える

最近よく耳にする親なき後問題。病気や障がいのある子どもを育てる私たち親が亡くなり、支援ができなくなってしまったときに、子どもの生活をどう支えていくかを考える必要があります。相談支援専門員、看護師、ケアマネジャーで、この問題に詳しい新開千世さんにアドバイスをもらいました。

就労し自活が可能であれば、自分の力で生活していくでしょう。ここでは、自活が難しい場合のことをお伝えしていきます。病気や障がいがあると自活ができないという意味ではありません。

親が健在で元気なうちは、日常生活の支援や経済的な部分を担えますが、親なき後の備えや支援を考え、子どもの将来の生活に心配がないようにするのが親心ですね。

親なき後の課題としてまず考えられるのが、生活の場の確保です。親がいなくなった後、どこで誰と暮らすのかといった問題が出てきます。支援を受けられるグループホームや施設入所の選択肢も考えておく必要があります。

元から暮らしていた自宅など住むところがある場合は、身のまわりのことを自分で行っていけるかどうか、日常生活のケアが必要な場合は、誰が支援していくのかなど、サポート体制も整えていきます。

特に医療的ケアが必要な場合は、訪問看護や病院との連携が求められます。

また兄弟姉妹がいる場合は、さまざまなケアの引き継ぎをお願いせざるを得ない場面も出てくるかもしれません。精神的にも経済的にも負担が出るので、利用できるサービスを見つけ、目途をつけておきたいものです。

そして「考えておきたいお金のこと」で障害年金でも触れましたが、**経済的な支援や財産管理が心配になってくる**と思います。親が財産を残しても適切に管理することは可能なのかも考えておく必要があります。

親が健在なうちは、子どもの社会的なつながりを親が支えているケースが多いため、親が亡くなってしまうと孤立しやすいという問題も出てきます。親が元気なうちに、地域の相談支援専門員や社会福祉士などとのつながりを構築しておくことも重要です。

ここでは親なき後に備えて受けられる支援制度について触れたいと思います。

親が亡くなった後に、子どもの財産や各契約などを管理するための法的な仕組みとして挙げられるのが、成年後見制度です。

成年後見制度は、主に認知症・知的障がい・精神障がいなどにより判断能力が不十分であると認められた方が、不利益を受けないようにするための法的な支援制度です。

認知症や知的障がい、精神障がいなどがあり、預金の管理や介護サービスの契約、遺産相続の手続きなどが難しいときや、悪徳商法、詐欺などで財産を失ってしまうリスクがあるときなどに、財産管理や契約などを後見人が代わりに行います。

すでに本人の判断能力が低下していて生活に困難が生じていると考えられる場合は、家庭裁判所が後見人を選び、本人の代わりに財産管理や契約を行う法定後見制度が適用されます。

本人に判断能力がある状況のなかや、子どもが未成年のうちに親が準備をする場合は、将来のためにあらかじめ信頼できる人と契約を結んでおき、任意後見監督人のもとで後見人が本人の生活を支援する任意後見制度があります。

日常生活自立支援事業という福祉サービスを組み合わせることもでき、医療や障害福祉サービスの手続きをサポートしてもらえたり、年金や福祉手当の管理、公共料金の支払いなど日常の金銭管理も手伝ってもらえたりします。

後見人の判断による財産の管理や使い道に制限があり、使用には裁判所の許可が必要な場合もあるので、自由度といった部分は下がります。

無料で受けられる支援ではないため、報酬を支払う必要があります。管理財産額により月額数万円、後見人をつける手続きを弁護士、司法書士に依頼すると10万円以上かかるようです。

また、原則として本人が亡くなるまで制度が続くため、一度開始すると途中でやめられない点も考慮する必要があります。

成年後見制度とともに話題に挙がるのが、家族信託です。

家族信託は親が持つ財産を信頼できる家族、もしくは信頼できる第三者に託し、病気や障がいのある子どものために将来の財産管理や運用を任せる仕組みです。

親が亡くなった後や親が高齢になり、判断能力を失ったときも子どもの生活を支えることが可能になります。

自由に財産を使うことが難しい成年後見制度より、柔軟な管理ができるため、家庭の事情に合わせて運用することができます。親が亡くなったり認知症になったりした場合も、財産を凍結せずに活用できます。また事前に家族間で財産の管理を細かく設定できることで、相続時のトラブルも防ぐことが期待できます。

家族信託は、受託者（依頼を受けて管理する人）の権限や使い道を明確にしておくことです。契約時の公正証書を司法書士などに依頼することでの費用は発生します。

子どもが将来安定した生活を続けられるように、親が元気なうちに住まいや財産管理の計画を立て、地域の支援者とのつながりを作るなど、少しずつできることを日頃から考えておきたいですね。

付き合う人ができる前に話し合っておきたいこと

思春期になると、恋愛や性に対する関心が出てきます。その先には結婚や妊娠のライフステージも待っているかもしれません。思春期になれば体の成長とともにさまざまな感情

家族信託と成年後見制度の比較表

項目	家族信託	成年後見制度
制度の目的	親の財産を信頼できる家族や第三者に託し、将来の財産管理や運用を任せる	認知症や障がいなどにより判断能力が低下した本人の財産や契約を管理する
開始時期	親が元気なうちから開始可能	本人の判断能力が低下した後（法定後見）または事前準備（任意後見）
財産管理の柔軟性	高い（家庭の事情に合わせた管理が可能）	低い（後見人の許可が必要な場合が多い）
管理者	信頼できる家族または第三者	家庭裁判所が選任した後見人、任意後見人
裁判所の関与	なし	あり（家庭裁判所が後見人を監督）
財産の使い道	契約時に設定できるため比較的自由	後見人による管理や使い道に制限がある
費用	公正証書作成費用や司法書士費用が発生	後見人の報酬が発生する（家族が後見人でも費用が発生する場合あり）
契約の終了	契約時に定めた条件に従う	原則として本人が亡くなるまで続く

が生まれるのは自然なことです。

きちんと子どもが自分の人生を主体的に考えられるように、家族やまわりの大人が適切な情報を伝えながら、サポートしていきましょう。

誰かとすばらしい関係を築くことができるということを伝え、親子で一緒に考えていくことが大前提だと思っています。

誰かとお付き合いをする前に、性的なトラブルやリスクについてもきちんと話し合い、性暴力や悪意のある人から自分を守る方法なども事前に伝えておきたいところ。

嫌なことには「NO」と言っていい、信頼できる人に相談するなど、子どもと一緒に「どういった場面で」「誰に」「どう伝えたらいいのか」など具体的に決めておくといいと思います。

自分の体を守るという意識を持ち、無理やり体を触られることや不快なことをされたら、すぐにその場を離れるなど、しっかりと話しておくことが年齢にかかわらず大事です。

自分自身だけではなく、相手を尊重することも一緒に話しておきたいですね。「相手が嫌がることをしてはいけない」「相手にもプライバシーがある」など、被害者にも加害者にもならないように、親子で話し合える関係性を築きましょう。

思春期を迎えた子どもと性について話すのは少し勇気がいることかもしれません。性の話を「恥ずかしいこと」と過度にタブー視せず、「聞きたいことがあったらいつでも相談していいよ」と伝えておくと、お互いに安心してスムーズに対話をすることができるのではないでしょうか。

言うまでもないかもしれませんが、性行為には妊娠の可能性や性感染症のリスクなどさまざまな責任が伴います。体調によっては、行為そのものに命の危険がある場合もありますので、自分の体についての知識は必要です。

妊娠や出産について話しておきたいことです。

何かの疾患がある状態での妊娠は、病気や服薬の影響を受けやすく、リスクを伴うことが少なくありません。特に妊娠や出産は体に大きな負担がかかるため、医師との相談が必須になってきます。

病気の種類や重症度によっては、妊娠が可能かどうかも異なってきますので、病気について、より理解しておく必要があります。

子どもを持つという選択肢については、病状も関係しますので、医師と相談しながら真摯に向き合いたいところです。

子どもを持つ人生なのか、持たない人生なのかを考える権利もあります。

病気によっては妊娠や出産に大きなリスクが伴う場合もあるため、持つことができない可能性があったとしても、子どもには自分を責める必要もなければ、誰かに責められる必要もないということを知っておいてほしいと思っています。

あなたも自分を責めないでください。

親としては、つい心配から制限をしてしまいがちな気がします。**禁止や制限ではなく、恋愛や結婚においても、病気や障がいとどう付き合っていくかを考え、将来の可能性を広げるためのサポートという視点**で、子どもと向き合えたらいいなと思っています。

子どもが自分の人生を歩んでいけるように

子どもに病気や障がいがあるとわかったとき、いろんな不安とともに「自分がこの子を守っていかなくては！」と強く思ったことでしょう。私もそのなかの一人です。わが子が思春期に差し掛かり、これまでにない病状を発症したりしたとき、病気や命について改めて考えさせられました。

旅先で発作を起こし、救急車で搬送。

ＩＣＵで治療を受け、翌日には、かかりつけの大学病院に搬送してもらうことがありました。

命に関わる発作のため、気が気ではなかったです。

以前、薬が効かなかったら、ＥＣＭＯ（人口肺とポンプを用いた体外循環による治療）を装着する可能性があると言われたことがありました。コロナのときに話題になったイメージがあり、その重大さに血の気がひいたことがあったのです。

救急車で搬送されるとき、娘が夫に「ごめんね」と言いました。

すぐに夫は、

「ごめんじゃないよ、大丈夫だからね」

と声をかけました。

どんな気持ちだったのかと思うと、今でも涙が出てきます。

合併症の不安は尽きることはないですし、これから先、発作は起きるものなのだと思っていかないといけないという現実に直面し、打ちひしがれるような思いを経験しました。親としても再度、現実や未来に向き合う時期であったのかもしれません。

いつ発作が起こるかわからない。その不安は消えることはないでしょう。もしものときに、できることがあれば何をおいてもしたいと思っているし、日々、子どもの将来を真剣に考え、全力で子どものサポートや支援をしていきたい、そう思っています。

同時に今を生きていかなくてはとも思っています。さまざまな心配事や思いがけないトラブルが起こることも多く、親はつい自分自身のことを後回しにしてしまいがちです。気がつくと何かを諦めることや我慢が当然になっているような気もします。

また子どもも、もしかしたら「自分が負担になっている」と感じてしまうかもしれません。そんな思いはしてほしくないですよね。

親が自分の人生を楽しむことは、決して悪いことでもわがままでもありません。子どもは親が思っているよりも、親の背中をよく見ています。

お母さんやお父さんが笑顔でいること、毎日を楽しんで過ごしていることが、「人生は楽しんでいいのだよ」という子どもへの温かいメッセージになります。

子どもはいずれ巣立っていきます。子どもには笑顔で人生を歩んでいってもらいたい、そう願うとき「ママはね、自分の人生も楽しみながらあなたを育ててこられて、幸せだよ。だからあなたも自分自身を大事にしながら、幸せに生きていってほしい」と、心から伝えることができたなら、素敵なことだと思いませんか？

コラム

子どもにとっての幸せという名のゴールはどこにある？

子どもにとっての幸せとは？

親であれば誰しもが一度は考えることではないでしょうか？

子どもに病気や障がいがあると、余計に子どもの日々の異変によく気がつくのではないかと思います。心配や不安から先回りして、それらを助けたり、解消してあげることが多いかもしれません。

子どもを思うがゆえなのですが、気がつくと、ほんの些細なことまでも親が決めるのが当たり前になってしまい、子どもが自ら意見や考えを聞くことが少なくなることもあると思います。

子どもの考えることは、ときに親からすると「なぜそうなった？」「不思議だな」と感じることも数多くあります。なかには「本当に大丈夫？」「自分でさせても問題ないかな？」と心配になることも出てくると思います。

どこで手を離していいのか、そのタイミングは難しいと思います。心配事にとらわれているのではなく、娘たちの「やってみたい！」を応援できる親でありたいと思っています。

子どもが、自分の夢や希望を自分で叶えられる力、叶えてもいいんだ、やってもいいんだという自己効力感をもってほしいと思っています。子ども自身で幸せを見つけ出せるように応援したいのです。自分を幸せにできるのは、他の誰でもなく自分自身でしかありません。

子どもの可能性は無限大です。私たちができることは環境を整えることなのかなと思っています。それは考え方や信念といった内面にも大きく影響します。

私たちは常日頃、自分の人生とどう向き合っているでしょうか？　そして子どもにどう声をかけているでしょうか？　家族のため、子どものため、そして自分のために、毎日を大切に生きていきたいものです。

おわりに 社会のなかでみんなが安心して暮らせるように

本書を最後までお読みいただき、心より感謝いたします。

娘が保育園から入園拒否されたあの日から、日々葛藤するたびに、悲しい思いをする方がいないよう私にできることをしたいと考えていました。この本を通してあなたに寄り添うことができたなら、このうえない喜びです。

かつての私は社会に憤りを感じ、困難とたたかうしかありませんでした。それは、わるいことばかりではありませんでした。どうすれば同じような立場の方が直面する社会課題を解決できるのか、という大きな問いに向き合い続けることができたからです。

娘たちが小さいころに私が感じていた不安を、今もなお、多くの親御さんが抱いています。ですが、その不安は、病気の子どもを持つ親が必ずしも抱き続けないといけないものではなく、仕組みの見直しや整備で解決できることが多いのではないか、と私は思っています。

たとえば、毎回毎回、行政などの相談相手の担当者が変わり、何度も同じ説明をすること、支援が途切れる期間ができること、子どもの成長を長期間にわたり、専門職の方と見守り続けるシステムがないこと、専門職の方に面談で相談できるまで数カ月もかかること、子どもを取り巻く関係者の連携があるようでないことなど、当事者としては日常的にその課題を感じていました。

そんななか、現場の人の頑張りに頼りすぎないシステムと、人材の確保・育成が整うことで、解決できるのではないかという思いが湧いてきたのです。

また、特別支援教育コーディネーター（障がいのある児童生徒一人ひとりの教育的ニーズに応じた支援を実現するため、学校内外の関係者や関係機関との連携・調整を担う教員で、特別支援学級の担任が務めることが多い）のように、学校で調整役を担うポジションの役割は兼任が多い、ということも知りました。

特別支援学級の担任をしていて、それだけで多忙で、十分な役割を果たすことができないのではないかと私は感じています。

他にも子育てに関わる役割は兼任のものが多く、腰を据えて取り組める時間が少ないようです。社会システムとして、すべての子どもと家族を支える仕組みを今一度見直してほしいのです。

多くの親御さんが課題を乗り越えられ、お子さんを守り育めるように、すべての子どもたちと家族に切れ目なく寄り添い続けられる〝子ども版ケアマネジャー〟がいたらいいなと思っています。

フィンランドのネウボラ（妊娠期から子育て期を切れ目ない支援で支えるシステム）と、介護分野のケアマネジャー（適切なサービスを受けられるように、ケアプランを作成するための専門職で、サービス事業者への手配、調整を行う）を組み合わせたようなサポートを、日本全国、どこに住んでいても受けられるようにしたいというのが、私の願いです。

私が講演会をするときに、みなさんにお伝えしている言葉があります。この言葉をあなたにも贈ります。

「大変なことがあるということは、それだけ日常を大切にできます。闘病生活のなかで悲しみや憤りを感じることがあれば、それはいつか社会を変える力になります。幸せなことがあれば、心を寄せてくれた方々と分かち合えます。些細な日常が私たちにとってはより大きな宝物です。どうか今日という一日を大切に。当たり前の日々なんてないのだということを知っている私たちだからこそ、今日という日を輝かせることができるのです」

子育て中のあなたへ

あなたの選んで行ってきたことが、正解だと私は思います。どんな決断も、あなたが精いっぱい悩んで決めたことです。

もしかしたら、本書で私が述べていることと考えが違って、やきもきする方もいるかもしれません。違う考えがあることも自然なことだと思います。あなたの選択も私の選択もそれぞれの道です。

あなたの心配事、不安が少しでも軽くなってほしい。あなたのお子さん、愛する人が幸せでありますように。

すべての子どもたちに明るい未来が来ることを願っています。いつでも自分はここにいていいんだという安心感のなかで大人になっていける社会へ。社会そのものがあたたかい居場所になりますように。

日頃から活動を共にしている仲間、取材に協力していただいた皆さん、粘り強く向き合っていただいた青春出版社の樋口博人さん、本に書くことを了承してくれた娘たち、そして夫に、心から感謝しています。

2025年4月

大澤裕子

著者紹介

大澤裕子　Japan居場所作りプロジェクト発起人・代表。2児の母。東北福祉大学総合福祉学部社会教育学科卒業。社会福祉主事と児童福祉司の任用資格を保有。病気を抱えている本人だけでなく、その子の親やきょうだい児などを支援し、主に学校や保護者向けに、これまでの経験について伝える活動をしている。著書に『人が集まる！　仕事につながる！　ランチ会の始め方・育て方』（つた書房）、『お茶会起業　居場所を作れば人が集まる！』(みらいパブリッシング）がある。本書は、難病の子とその親が笑顔でいられる居場所の作り方をまとめた一冊である。

難病《なんびょう》の子《こ》のために親《おや》ができること

2025年５月10日　第１刷

著　者　大《おお》澤《さわ》裕《ゆう》子《こ》

発行者　小澤源太郎

責任編集　株式会社 プライム涌光
電話　編集部　03(3203)2850

発行所　株式会社 青春出版社
東京都新宿区若松町12番１号 〒162-0056
振替番号　00190-7-98602
電話　営業部　03(3207)1916

印　刷　中央精版印刷　　製　本　大口製本

万一、落丁、乱丁がありました節は、お取りかえします。

ISBN978-4-413-23399-6 C0037

新NISAに iDeCo…いろいろあるけど
お金のプロは結局、これを選んでる
お金を増やす、超シンプルな資産形成の本
八木陽子　聞き手：中山圭子

金利が上がると経済はこう動く
島　裕晶

発達障がい&グレーゾーン
楽しく遊びながら
子どもの「発達」を引き出す本
松本　哲　本間龍介［監修］

自分のすべてにOKを出せば、
人生はこんなに変えられる
藤沢あゆみ

図説　ここが知りたかった！
伊勢参りと熊野詣で
茂木貞純［監修］

青春出版社の四六判シリーズ

「実家の相続」がまとまらない！
天野　隆　伊藤かよこ　税理士法人レガシィ

未来が変わる魔法の数字
お金・恋愛・仕事・家族…数字にするとうまくいく！
三浦さやか

会社に行けなくなった私が一人で
1000万円稼げた おこもり起業
はまもとゆう

夫・火坂雅志との約束
いつか、また逢う日のために
中川洋子　火坂雅志

息子が不登校だった心理カウンセラーが伝えたい
不登校の子が元気になる言葉
つらくなる言葉
富永愛梨

お願い　ページわりの関係からここでは一部の既刊本しか掲載してありません。
折り込みの出版案内もご参考にご覧ください。